AF619690

Mgr PERRAUD
ÉVÊQUE D'AUTUN, CHALON ET MACON
MEMBRE DE L'ACADÉMIE FRANÇAISE

LE SECOND CENTENAIRE ET LE JUBILÉ DE LA BIENHEUREUSE MARGUERITE-MARIE

1690 (17 Octobre) 1890.

AUTUN
DEJUSSIEU PÈRE ET FILS, IMPRIMEURS DE L'ÉVÊCHÉ

ŒUVRES

DE

MGR L'ÉVÊQUE D'AUTUN

Études sur l'Irlande contemporaine, 2 vol. in-8°.

L'Oratoire de France au dix-septième et au dix-neuvième siècle, 1 vol. in-12.

Les Paroles de l'heure présente, 3e édition, 1 vol. in-12.

Œuvres pastorales et oratoires, grand in-8°. (Les quatre premiers volumes sont en vente.)

Panégyrique de Jeanne d'Arc, brochure in-8°.

Oraison funèbre de S. Em. le cardinal Guibert, grand in-8°.

Le bienheureux Jean-Baptiste de la Salle, trois discours prononcés dans la cathédrale d'Autun, décembre 1888, brochure in-32.

Etc.

OUVRAGES

DE

M. L'ABBÉ CHARLES PERRAUD

CHANOINE HONORAIRE D'AUTUN

Le Christianisme et le Progrès, 1 vol. in-12.

La Libre Pensée et le Catholicisme, 1 vol. in-12.

Méditations sur les Sept Paroles de Notre-Seigneur Jésus-Christ en Croix, précédées d'une Introduction par Mgr l'Evêque d'Autun, de l'Académie française (3e édition).

Les Paroles de N.-S. Jésus-Christ, tirées des saints Evangiles (3e édition).

Se trouvent :

A Autun, chez DEJUSSIEU, 4, Grande Rue;

A PARIS, chez CHAPELLIEZ, 29, rue de Tournon;

Et chez LEDAY, 10, rue de Mézières.

LE SECOND CENTENAIRE ET LE JUBILÉ DE LA BIENHEUREUSE MARGUERITE-MARIE

ADOLPHE-LOUIS-ALBERT PERRAUD, par la grâce de Dieu et du Siège apostolique, Évêque de la sainte Église d'Autun, Chalon et Mâcon, premier suffragant de la province de Lyon, ayant privilège du sacré *Pallium*, assistant au Trône pontifical, etc.,

Au Clergé et aux Fidèles de notre diocèse, salut et bénédiction, en Notre-Seigneur Jésus-Christ.

NOS TRÈS CHERS FRÈRES,

Nous venons vous annoncer une année de propitiation et de salut, et nous demandons avec instance au Cœur de Notre-Seigneur Jésus-Christ de disposer nos âmes à profiter des grâces que sa libéralité s'apprête à répandre sur nous.

Il y aura bientôt deux siècles que se terminait dans un couvent du diocèse d'Autun la carrière terrestre de l'humble vierge dont le nom, les vertus et la mission devaient avoir dans le monde un si grand retentissement.

D'un registre mortuaire qui nous a été communiqué, nous transcrivons textuellement les lignes suivantes :

« L'an 1690, le 17 du mois d'octobre, environ
» les sept heures du soir, est décédée en ce mo-
» nastère de la Visitation Sainte-Marie de Paray,
» en odeur de sainteté, notre vénérable sœur Mar-
» guerite-Marie Alacoque, native de Lhaute-
» cour, paroisse de Verosvres, âgée de qua-
» rante-trois ans ; dix-neuf de profession ; du
» rang des sœurs choristes. Elle a été inhumée
» dans un caveau de notre sépulture. » [1]

Après deux cents ans révolus, c'est la première fois qu'il sera donné à l'ordre de la Visitation et au diocèse dont Marguerite-Marie est la gloire, d'entourer d'honneurs extraordinaires un anniversaire séculaire de cette mort si pré-

1. Registre mortuaire de la Visitation de Paray, depuis la fondation du monastère (1626), jusqu'en 1792 ; in-folio, cartonné en parchemin, p. 16.

cieuse devant Dieu et si féconde en fruits de bénédiction pour l'Eglise et pour les âmes.

Sans doute, avant la fin du précédent siècle, l'Eglise avait déjà solennellement approuvé le culte du Cœur de Jésus-Christ dont ce divin Sauveur avait confié l'apostolat à notre Visitandine de Paray. Mais elle n'avait encore rendu aucun jugement authentique ni sur ses vertus ni sur les miracles accomplis par son intercession après sa mort.

De plus, et quand même les nombreuses et très sages formalités auxquelles sont soumises les causes de béatification eussent été déjà sanctionnées par la suprême autorité du Pontife romain, les perturbations politiques du temps n'auraient guères permis soit à Paray, soit ailleurs, de célébrer une fête publique en l'honneur de celle que ses contemporaines disaient être morte « en odeur de sainteté. »

Au mois d'octobre 1790, la persécution religieuse commençait à sévir en France. La constitution civile du clergé, due aux jansénistes de l'Assemblée constituante, avait été votée le 12 juillet précédent. Les évêques et les prêtres qui refusaient de s'y soumettre étaient dépouillés de leurs bénéfices, expulsés de leurs églises, chassés de leurs demeures, contraints par la violence de céder la place à des intrus schismatiques. Le trouble était partout. Le moment n'était pas éloigné où l'exil, la prison, l'échafaud puniraient les membres du clergé de leur obéissance aux lois fondamentales de leur saint état.

A nous donc les premiers, N. T. C. F., étaient réservés l'honneur et la joie de pouvoir célébrer avec toutes les pompes de la religion le deux centième anniversaire du 17 octobre 1690.

Nous venons vous y convier.

Dans les mystérieuses dispensations de cette Providence qui excelle à tempérer par les miséricordes les plus touchantes ses apparentes rigueurs, une épreuve de santé nous contraignait, au commencement de cette année, d'abandonner pour un temps assez considérable notre résidence épiscopale et de venir fixer notre séjour à Paray. Dès le surlendemain de notre arrivée dans la cité et près du sanctuaire qui gardent les dépouilles mortelles de la Visitandine du dix-septième siècle, nous eûmes la pensée de placer sous la paternelle protection du souverain Pontife l'événement dont nous voulions nous préparer à célébrer le souvenir.

Le 3 janvier, nous adressions à Sa Sainteté le Pape Léon XIII la lettre suivante :

« Paray-le-Monial, (diocèse d'Autun),
le 8 janvier 1890.

» Très Saint Père,

» La course rapide des années et des siècles va ramener prochainement le second centenaire du jour où l'humble vierge de la Visitation de Paray, la bienheureuse Marguerite-Marie Alacoque, rendit à Dieu son âme toute consumée par les feux de la pénitence, du zèle et de la charité (17 octobre 1690).

» J'aurais l'intention de donner la plus grande solennité possible à la célébration de ce second centenaire et de solliciter de votre paternelle bonté des grâces et des faveurs spirituelles qui exciteraient la foi des fidèles, multiplieraient les pieux pèlerinages, les prières, les actes de dévotion et tourneraient ainsi à la gloire de Notre-Seigneur Jésus-Christ et au bien de son Eglise.

» Je ne sais si je pourrais m'enhardir jusqu'à demander à Votre Sainteté le précieux avantage d'un Jubilé local, pendant lequel tous les prêtres approuvés pour la confession dans la ville de Paray jouiraient des pouvoirs extraordinaires que Votre Sainteté accorde aux confesseurs en temps de Jubilé.

» Quant à l'époque et à la durée de ce Jubilé et aux œuvres à accomplir par les fidèles pour gagner l'indulgence jubilaire, il n'appartiendrait qu'à Votre auguste Paternité de les déterminer.

» La concession d'une si précieuse faveur augmenterait dans des proportions considérables les prières et supplications qui se font de toutes parts pour la sainte Église, pour le Siège apostolique si indignement persécuté, et pour le Vicaire de Jésus-Christ que tous ses fils souhaitent ardemment voir rétablir dans la plénitude de ses droits.

» Daigne Votre Sainteté bénir l'Évêque et son troupeau, et recevoir la nouvelle assurance de leur profond et religieux dévouement en Notre-Seigneur Jésus-Christ.

» † ADOLPHE-LOUIS,

» ÉVÊQUE D'AUTUN, CHALON ET MACON. »

Peu de temps après, le Saint-Père daignait nous faire savoir qu'il avait favorablement accueilli notre demande et donnait l'ordre de nous expédier un Bref apostolique dont voici la traduction :

« LÉON XIII, PAPE.

» A tous les fidèles du Christ qui liront les présentes lettres, salut et bénédiction apostolique.

» En cette fin du second siècle écoulé depuis que la bienheureuse Marguerite-Marie Alacoque s'est envolée vers la patrie céleste, les fidèles se proposent d'entreprendre de pieux pèlerinages à l'église du monastère de la Visitation des religieuses de saint François de Sales, au lieu communément appelé Paray-le-Monial, dans le diocèse d'Autun. C'est là que les insignes bienfaits d'amour divin, accordés par le Christ rédempteur au genre humain, ont commencé à être honorés d'un culte spécial, sous le symbole du très saint Cœur de Jésus.

» En conséquence, on Nous a supplié de vouloir bien accorder, à cette occasion, des indulgences plénières en forme de Jubilé.

» Il nous a semblé bon d'acquiescer à ces pieuses prières, et Nous le faisons d'autant plus volontiers que la faveur accordée par Nous, pour rehausser la splendeur de ce solennel centenaire, donne également occasion à la piété de s'exercer et de s'accroître.

» C'est pourquoi, appuyé sur la miséricorde du Dieu tout-puissant et sur l'autorité de ses bienheureux apôtres Pierre et Paul, à tous les fidèles de l'un et de l'autre sexe qui, en un jour laissé au libre choix de chacun, à partir du 8 septembre jusqu'au 1er novembre de cette année inclusivement, étant vraiment pénitents, après s'être confessés et avoir communié, visiteront dévotement la susdite église en s'y rendant pieusement en pèlerinage, et y adresseront à Dieu de ferventes prières pour la concorde des princes chrétiens, l'extirpation des hérésies, la conversion des pécheurs et l'exaltation de notre sainte mère l'Eglise, à condition qu'ils auront observé un jour de jeûne et d'abstinence et feront, chacun selon ses facultés, une aumône applicable à quelque œuvre pie et notamment aux écoles catholiques et libres du diocèse d'Autun, Nous accordons, en forme de Jubilé, une indulgence plénière et la rémission de tous leurs péchés. Cette indulgence sera applicable par mode de suffrage aux âmes des fidèles qui ont quitté ce monde dans l'état d'union à Dieu par la charité.

» Aux confesseurs du lieu susdit, approuvés à cette occasion par l'Ordinaire, Nous accordons, pour la durée de ce Jubilé seulement, toutes les mêmes facultés que Nous avons accordées par Nos lettres apostoliques *Pontifices maximi*, en date du 15 février de l'année 1879, à l'exception toutefois de tout ce qu'elles exceptent.

» Nonobstant toutes dispositions contraires, les présentes lettres auront leur effet cette année seulement.

» Donné à Rome, à Saint-Pierre, sous l'anneau du pêcheur, le onzième jour de mars 1890, la treizième année de Notre Pontificat.

(Place du sceau.)

» M. Card. LEDOCHOWSKI. »

Que nous restait-il à faire, N. T. C. F., sinon de nous mettre sans retard à l'œuvre pour tirer parti de la grâce vraiment exceptionnelle que nous valait la dévotion personnelle de notre Saint-Père le Pape Léon XIII à notre chère Bienheureuse ?

Dans le courant du mois de janvier, nous avons nous-même présidé les travaux d'une commission instituée à cet effet, et réglé de concert avec elle, au moins dans leur ensemble, les exercices religieux et les fêtes dont se composera le Jubilé du centenaire.

Le dispositif de notre Mandement vous les fera connaître. Puis, quand le moment sera venu, les feuilles religieuses du diocèse compléteront les indications dont il serait impossible de fixer le détail plusieurs mois à l'avance.

Il nous fallait encore remplir un autre devoir. Nous avons hâte de vous le dire, N. T. C. F., le travail considérable qu'il nous a imposé a été fécond en enseignements bienfaisants pour notre âme et plein de consolations pour notre cœur. Nous lui serons redevable de quelques-unes des joies les plus exquises qu'il puisse être donné de goûter sur la terre. Non, nous ne vous oublierons jamais, chère et bénie solitude de notre Béthanie de Paray, où, entouré des sollicitudes les plus délicates de la piété filiale, nous avons passé le temps de notre convalescence et vécu dans un contact immédiat avec les lieux sanctifiés il y a deux siècles par les plus touchantes manifestations de l'amour divin.

Grâce à ces semaines de retraite et de silence, nous avons pu étudier d'une façon plus approfondie les événements surnaturels qui préparaient ici, entre Jésus-Christ et une âme prédestinée, l'éclosion de la dévotion partie de ce sanctuaire de la Visitation de Paray pour s'étendre à l'Église universelle.

Si on les envisage uniquement dans leurs circonstances historiques, ces mystères de grâce, déjà séparés de nous par plus de deux siècles, semblent n'être plus que des souvenirs. Mais considérés dans leur intime raison d'être et dans leurs résultats, on peut affirmer qu'ils n'ont pas cessé de subsister.

Sans doute, l'admirable extatique n'est plus là pour recevoir les messages extraordinaires confiés à son obéissance et à son amour par Celui qu'il lui était particulièrement doux d'appeler « le Dieu de son cœur » et qui, en retour, lui révéla le cœur de son Dieu. Sa mission finie, elle a quitté l'exil et nous la chercherions vainement à cette place où elle passa si souvent les jours et les nuits, absorbée dans ses colloques intérieurs avec le souverain Maître et l'unique époux de son âme. Elle est entrée dans la voie de toute chair et ses ossements desséchés nous rappellent éloquemment, si nous étions tentés de l'oublier, l'universalité de cette loi de la mort à laquelle les plus grands serviteurs de Dieu doivent, comme les autres hommes, payer leur tribut.

Toutefois, répétons-le, le drame émouvant dont les péripéties se sont déroulées pendant dix-neuf ans dans ce monastère et dans cette chapelle, semble se poursuivre toujours. Aussi bien, l'acteur principal n'a pas cessé d'être là. Roi immortel et invisible des siècles, il les voit s'écouler et disparaître devant lui. Mais de sa retraite cachée du tabernacle, il redit à tous ceux qui l'approchent et consentent à l'écouter, les mêmes paroles, les mêmes exhortations, les mêmes réprimandes, les mêmes promesses dont sa servante n'avait reçu le dépôt que pour le partager avec les fidèles de tous les pays et de tous les temps.

Votre Évêque s'est recueilli au plus intime de

lui-même, N. T. C. F., pour méditer ces réminiscences sacrées qui sont de subsistantes réalités et y chercher du même coup votre édification et la sienne.

Aux anniversaires de l'ordre politique peuvent suffire des cérémonies purement extérieures, parce que les âmes n'y sont pas nécessairement conviées. Mais il n'en saurait être de même pour nous, chrétiens, lorsque nous célébrons la commémoraison d'événements qui ont mis en jeu d'une part les industries les plus admirables de la puissance et de la bonté de Dieu; de l'autre, les libres et méritoires ascensions d'une créature fidèle, jusqu'à la sainteté, à l'appel d'en haut et à la grâce d'une vocation extraordinaire. Il faut alors que les souvenirs d'un passé dont les éléments essentiels demeurent inaccessibles aux vicissitudes du temps, servent à faire grandir dans nos âmes l'estime des dons de Dieu avec la volonté sincère de l'aimer davantage et de le mieux servir.

Telle est la fin que nous nous sommes proposée, N. T. C. F., dans l'Instruction pastorale à laquelle ce Mandement sert d'introduction. Elle vous aidera, nous l'espérons, à mieux connaître les vertus de la Bienheureuse et vous inspirera le désir de les imiter. Elle excitera vos sentiments de reconnaissance envers Notre-Seigneur Jésus-

Christ et l'ineffable révélation qu'il a daigné nous faire de son divin Cœur. Elle vous préparera de la sorte à célébrer dignement le Jubilé du centenaire et à tirer un solide profit des solennités auxquelles vous viendrez prendre part.

A ces Causes.

Le saint nom de Dieu invoqué, et après en avoir conféré avec MM. nos Vicaires généraux et les membres de la Commission nommée par nous pour l'organisation des fêtes du second Centenaire de la bienheureuse Marguerite-Marie et du Jubilé accordé par Sa Sainteté le Pape Léon XIII, nous avons ordonné et ordonnons ce qui suit :

Article 1er.

Le Bref pontifical du 11 mars 1890, qui concède à la paroisse et cité de Paray-le-Monial un Jubilé devant durer sept semaines et demie, depuis le 8 septembre jusqu'au 1er novembre 1890, est et demeure publié dans notre diocèse,

Art. 2.

Un dispositif spécial, placé à la suite de notre Instruction pastorale sur les vertus et la mission de la Bienheureuse, fera connaître d'une manière exacte : 1° l'étendue des pouvoirs accordés aux confesseurs appelés à exercer leur ministère dans la paroisse de Paray-le-Monial pendant le temps du Jubilé; 2° les conditions à remplir pour gagner l'indulgence jubilaire.

Art. 3.

L'ouverture du Jubilé sera annoncée le dimanche 7 septembre, à l'angélus du soir, par les sonneries des cloches de toutes les églises et chapelles de Paray-le-Monial.

Art. 4.

La période jubilaire sera divisée en quatre parties.

Durant la première (du 8 au 30 septembre), des instructions seront données chaque matin, les mardis, jeudis et samedis, à la chapelle de la Visitation, après la messe de huit heures et demie; chaque soir, les lundis, mercredis et vendredis, à la Basilique. L'instruction du vendredi pourra être remplacée par l'exercice du Chemin de la Croix fait, quand le temps le permettra, dans l'enclos des Chapelains.

(A partir du 1er octobre, conformément aux prescriptions du souverain Pontife, les exercices du mois du saint Rosaire auront lieu comme les années précédentes, à la Basilique et dans les chapelles des communautés.)

Durant la seconde partie (1er au 9 octobre), les prédications continueront dans l'ordre ci-dessus indiqué, alternant entre la Basilique et la chapelle de la Visitation.

La troisième partie du Jubilé (du 9 au 17 octobre), comprendra la neuvaine préparatoire à la fête de la Bienheureuse et au deux centième anniversaire du jour de sa mort. Pendant la neuvaine, on prêchera tous les jours, le matin à la Visitation, le soir à la Basilique.

La quatrième et dernière partie du Jubilé s'étendra du 18 octobre au 1er novembre. Les exercices du mois du saint Rosaire continueront à être faits chaque jour, mais il n'y aura plus de prédications que pendant un triduum final, les 28, 29 et 30 octobre (le 31 demeurant réservé aux confessions de la veille de la Toussaint.)

ART. 5.

Pendant la durée du jubilé, trois processions du saint Sacrement (les 12 septembre, 10 et 17 octobre) et trois processions des Reliques de la Bienheureuse [1] (les 19 et 26 septembre, et 3 octobre) seront faites dans l'enclos du monastère.

1. Indult apostolique du 28 avril 1890.

Le dimanche 14 septembre, la grande croix de Jérusalem, offerte par les pèlerins de Terre-Sainte, du pèlerinage de pénitence de 1890, sera plantée solennellement sur le Calvaire de l'enclos des Chapelains.

Le dimanche 12 octobre, aura lieu dans l'après-midi, en vertu de l'Indult apostolique précité, une procession générale des reliques de la Bienheureuse dans la cité de Paray, avec stations aux principales chapelles.

Art. 6.

Le vendredi 17 octobre, jour anniversaire de la mort de la Bienheureuse, plusieurs messes épiscopales seront célébrées le matin à la chapelle de la Visitation.

A neuf heures, Son Éminence le cardinal Foulon, archevêque de Lyon, officiera pontificalement à la grand'messe (à la Basilique).

A deux heures, également à la Basilique, une allocution sera prononcée par S. G. Mgr Germain, évêque de Coutances, et suivie d'une procession solennelle du très saint Sacrement qui sera faite dans l'enclos du monastère et présidée par Son Éminence le cardinal Foulon, métropolitain.

A sept heures du soir, le panégyrique de la

Bienheureuse sera prononcé à la chapelle de la Visitation par Mgr l'évêque de Coutances.

Art. 7.

La clôture du Jubilé aura lieu au salut solennel de la fête de la Toussaint par le chant du *Te Deum* suivi des verset et oraison.

Le soir, au son de toutes les cloches de la ville, se fera, suivant le rite accoutumé, la réposition de la châsse de la Bienheureuse sous le maître-autel du sanctuaire de la Visitation.

Art. 8.

Les cérémonies religieuses et prédications des pèlerinages qui se succéderont à Paray, pendant le Jubilé, auront lieu dans les intervalles libres des exercices annoncés ci-dessus. Après avoir été préalablement concertés entre MM. les Directeurs des pèlerinages et M. le Supérieur des Chapelains, elles pourront être annoncées aux fidèles par des affiches spéciales qui devront être visées par un de nos vicaires généraux.

Art. 9.

Nous sommes déjà en mesure de faire savoir que leurs Éminences les cardinaux de Reims, de Paris et de Lyon; NNgrs les archevêques de

Rouen et d'Avignon, les évêques de Delcon (Thrace), d'Angoulême, de Valence, Coutances, Orléans, Nevers, Clermont, Annecy, Carcassonne, Séez, Beauvais, Tarentaise, Belley, Digne, Gap, Soissons, Chartres, Saint-Dié, ont bien voulu nous annoncer leur intention de venir à Paray, pendant la durée du Jubilé.

La *Semaine religieuse* et le *Pèlerin de Paray* feront connaître en temps utile, c'est-à-dire au plus tard dans le courant du mois d'août, les noms de tous NNgrs les Évêques qui prendront part aux fêtes du Centenaire, ainsi que les noms des prédicateurs, avec les autres détails relatifs aux cérémonies.

MM. les Curés et Aumôniers donneront lecture de notre présent Mandement et de l'Instruction pastorale dont il est suivi.

Fait à Paray-le-Monial, en notre résidence de Béthanie, sous notre seing et le sceau de nos armes et le contre-seing du Chancelier de notre Évêché, le 25 mars 1890, jour où l'Eglise célèbre la fête de l'Annonciation de la très sainte Vierge.

† ADOLPHE-LOUIS,

ÉVÊQUE D'AUTUN, CHALON ET MACON.

INSTRUCTION PASTORALE

VERTUS DE LA BIENHEUREUSE MARGUERITE-MARIE — APOSTOLAT QUI LUI A ÉTÉ CONFIÉ RELATIVEMENT AU CULTE DU CŒUR SACRÉ DE NOTRE-SEIGNEUR JÉSUS-CHRIST. — EXEMPLES A RECUEILLIR DE SA VIE.

« En ce cœur de Jésus est l'abrégé de tous les mystères du christianisme. »
(Bossuet, *Panegyrique de saint Jean l'Evangéliste*, 3e point.)

« La vie de la sœur Marguerite-Marie servira beaucoup à l'édification des fidèles. Ce sera un grand bien pour eux de voir ce que Dieu a fait pour confirmer une dévotion qui doit être chère à tous ceux qui ont un cœur capable d'éprouver et d'aimer ce que le cœur de Jésus-Christ a ressenti de tendresse et de bonté pour nous. »
(Lettre de Mgr Languet, évêque de Soissons, au R. P. Joseph de Galliffet, de la Compagnie de Jésus, 4 avril 1724.)

NOS TRÈS CHERS FRÈRES,

Le Saint-Père exprime la confiance que le Jubilé dont il a daigné nous accorder la faveur, à propos du second Centenaire de la mort de la bienheureuse Marguerite - Marie, sera pour « la piété catholique une occasion de s'affirmer et de grandir. »[1]

Nous voudrions vous aider à réaliser ce vœu du chef auguste de l'Église, et vous préparer à célébrer d'une manière fructueuse pour vos âmes les solennités auxquelles nous venons de vous convier.

Voilà pourquoi, N. T. C. F., nous nous proposons de méditer avec vous sur les vertus de la Bienheureuse ; de vous montrer comment ces vertus ont accrédité la mission extraordinaire dont elle fut investie par Notre-Seigneur Jésus-Christ ; et enfin, de vous indiquer de quelle façon et dans quelle mesure les chrétiens peuvent tirer profit pour leur avancement spirituel de toutes ces merveilles de grâces ; puisque, suivant une belle parole de Bossuet, « la plus excellente manière » d'honorer les choses divines, c'est de les » imiter. »[2]

1. Ea quæ largimur ad decorem sæcularis celebritatis ad pietatis exercitationem atque ad incrementum valent.

2. Bossuet, *Panégyrique de saint Pierre Nolasque*, exorde.

PREMIÈRE PARTIE

VERTUS DE LA BIENHEUREUSE MARGUERITE-MARIE

Nous ne saurions avoir l'intention de retracer ici la biographie complète de l'illustre vierge de Paray. Depuis deux siècles, elle a eu le privilège de susciter des historiens dignes d'elle [1]. Nous renvoyons à leur travaux

1. Le plus ancien, d'après l'ordre chronologique, et non le moins digne de notre reconnaissance, est le P. Croiset, de la Compagnie de Jésus. Non seulement il avait connu la Sœur Marguerite-Marie et avait échangé avec elle un certain nombre de lettres; mais, en 1689, il avait fait quelques additions à un recueil composé à Dijon par la Sœur Jeanne-Madeleine Joly, en l'honneur du Cœur de Jésus. Il se préparait dès lors à écrire le livre qui vit le jour quelques mois seulement après la mort de la Sœur Alacoque, et auquel il ajouta, en cent et quelques pages, un « abrégé de la vie d'une religieuse » de la Visitation Sainte-Marie, de laquelle Dieu s'est » servi pour l'établissement de la dévotion au sacré » Cœur de Jésus-Christ, décédée en odeur de sainteté » le 17 d'octobre de l'an 1690. » (Lyon, Antoine et » Horace Molin, 1691.) Un autre jésuite, le P. Daniel,

toutes les personnes désireuses de connaître dans le détail une vie où les événements extérieurs ont tenu fort peu de place et dont on peut dire, avec l'Écriture, que « toute la gloire est intérieure. »[1]

C'est devant cette physionomie intime de l'âme que nous voudrions nous recueillir, afin de nous rendre compte du travail accompli par

aussi connu par sa piété que par son talent littéraire, a publié en 1865 une vie fort estimée de la Bienheureuse.

Parmi les autres historiens, il convient de signaler ici trois auteurs qui, ayant appartenu par leur naissance à notre province de Bourgogne, ont fait tout à la fois œuvre de religion et œuvre de patriotisme en écrivant la vie de Marguerite-Marie Alacoque. Ce sont, dans notre temps, M. l'abbé François Cucherat, aumônier de l'hôpital de Paray, mort en 1887; M. l'abbé Emile Bougaud, vicaire général d'Orléans, mort en 1888 évêque de Laval. Plus d'un siècle avant eux, l'ouvrage qui a servi de source et de modèle à toutes les autres histoires de notre Visitandine avait été publié en 1729 par Mgr Jean-Joseph Languet, né dans le diocèse de Dijon, vicaire général d'Autun de 1711 à 1715, évêque de Soissons, membre de l'Académie française, mort en 1753 archevêque de Sens. Ce beau livre avait entièrement disparu de la circulation. Nous avons résolu de le rééditer à l'occasion du second centenaire de la Bienheureuse et Sa Sainteté le Pape Léon XIII a daigné en accepter la dédicace.

1. Omnis gloria ejus ab intus. (Ps. XLIV, 14.)

le Sauveur lui-même, avec un soin si jaloux et si persévérant, dans celle dont il a fait l'instrument d'une des plus étonnantes manifestations de sa miséricorde et de son amour.

*
* *

La sainteté consiste à reproduire les perfections de Jésus-Christ.

Les voyageurs qui visitent les grands musées d'Europe rencontrent souvent des peintres occupés à copier avec tout le talent dont ils sont capables les tableaux les plus en renom, comme les Vierges de Raphaël et de Murillo, le Crucifiement de Rubens et les autres chefs-d'œuvre des maîtres.

Leur travail donne une très juste idée du labeur imposé au chrétien pendant l'épreuve de la vie présente.

Jésus-Christ est ce type de perfection absolue que nous devons sans cesse étudier et chercher à reproduire en nous. Les saints sont des artistes qui, par une application plus intelligente et plus soutenue, réussissent à rendre avec une ressemblance plus exacte l'idéale beauté du Verbe incarné.

Si cette comparaison est vraie quand on

l'applique d'une manière générale à tous les ordres de sainteté qui ont brillé dans l'histoire de l'Église, elle se trouve être d'une justesse toute particulière quand il s'agit de Marguerite-Marie.

En effet, la préoccupation dominante de sa vie entière, à partir de ses plus jeunes années, a été de travailler sans relâche à peindre en son âme le portrait de son divin Maître. Elle n'avait pas encore quitté le monde lorsque, agenouillée un jour devant un crucifix, elle exprimait à Notre-Seigneur ce vœu inspiré par la foi la plus vive : « Mon cher Sauveur, » que je serais heureuse si vous imprimiez en » moi votre image souffrante ! » Sublime et touchante prière à laquelle Jésus crucifié répondait : « C'est ce que je prétends, pourvu » que tu n'y résistes pas et que tu y contri» bues de ton côté. »[1]

Un peu plus tard, à peine entrée au monastère de la Visitation, elle sollicitait la directrice du noviciat de lui enseigner à faire oraison. Celle-ci lui dit : « Allez vous mettre » devant Notre-Seigneur comme une toile » d'attente devant un peintre. »[2]

1. *Mémoire des Contemporaines*, I, p. 53.
2. *Vie de la Bienheureuse par elle-même*, II, p. 365.

Nous nous trouvons ici en présence d'une loi fondamentale de l'ordre surnaturel dont l'origine mystérieuse se perd au sein même de l'essence divine. Il est dit, en effet, de la Sagesse, dans laquelle la tradition de l'Église reconnaît la seconde personne de l'adorable Trinité, qu'elle est à l'égard du Père « le mi» roir sans tache de la majesté de Dieu et » l'image de sa bonté[1] », image non seulement semblable, mais égale, mais consubstantielle à « l'archétype » des êtres.[2]

Cette même loi se retrouve dans les relations du Verbe incarné avec le Père qui l'a envoyé au milieu des hommes : « En vérité, » en vérité, je vous le dis; de lui-même le » Fils ne peut rien faire qu'en imitant son » Père; et tout ce que son Père accomplit, le » Fils l'accomplit également. »[3]

Ainsi, Dieu le Père est l'exemplaire éternel

1. Speculum sine macula Dei majestatis et imago bonitatis illius. (Sap. VIII, 26.)

2. Expressions de saint Grégoire de Nazianze, dans un de ses poèmes théologiques,

Εἴκων ἀρχετύποιο, φύσις γεννήτορος ἴση.

3. Amen, amen dico vobis : non potest Filius a se facere quidquam nisi quod viderit Patrem facientem; quæcumque enim ille fecerit, hæc et Filius similiter facit. (Joann. V, 19.)

auquel le Verbe est conforme, soit dans sa vie divine, soit dans sa vie humaine.

A son tour, le Verbe fait chair « plein de grâce et de vérité »[1] est le vivant modèle de tous ceux qui sont nés de lui par le baptême et dont la prédestination consiste, suivant l'apôtre, à devenir des images du Fils de Dieu.[2]

Comment toutefois les chrétiens pourront-ils réaliser cette ressemblance ?

Par eux-mêmes ?

En aucune sorte, puisque, simplement pour prononcer d'une façon utile et méritoire le nom de Jésus, le secours et l'action de la grâce nous sont indispensables.[3]

D'autre part, il n'est pas moins certain que Dieu n'entend pas accomplir à lui tout seul cette œuvre de surnaturelle régénération et d'esthétique morale. Assurément, il provoque l'âme au travail par son appel et par ses inspirations ; il l'aide et la soutient dans ses efforts ; il tient même en réserve pour elle une grâce très spéciale sans laquelle, même après avoir bien

1. Joann. I, 14.

2. Quos prædestinavit conformes fieri imaginis Filii sui. (Rom. VIII, 29.)

3. Nemo potest dicere : Dominus Jesus, nisi in Spiritu sancto. (I Cor. XII, 3.)

commencé, elle serait incapable de bien finir.[1]

Cependant, il lui laisse une coopération qui est encore considérable, et d'où résultent la dignité et le mérite de la vertu, en même temps qu'elle fait de la récompense donnée par Dieu non une libéralité pure, mais l'acquittement d'une dette de justice.[2]

L'âme chrétienne qui veut être conforme à Jésus-Christ commence donc par se mettre devant lui « comme une toile d'attente devant le peintre ». Toutefois, elle n'y demeure pas inerte et purement passive, à la façon d'un tableau d'atelier.

Guidée, conseillée, soutenue, corrigée à chaque instant par l'artiste divin, elle travaille avec lui comme il travaille avec elle. Tantôt il efface un trait qu'il faudra recommencer ; tantôt il indique ce qui manque soit à l'harmonie des tons, soit à la richesse et à l'éclat des couleurs, jusqu'à ce qu'enfin il puisse dire de son œuvre, comme le Dieu créateur de la sienne : « Elle est faite et bien faite. »[3]

1. S. Aug. *De dono perseverantiæ.*

2. II Tim. IV, 8.

3. Vidit Deus cuncta quæ fecerat; et erant valde bona. (Gen. I, 31.)

C'est bien ainsi que Marguerite-Marie comprit et réalisa durant toute sa vie le labeur de sa sanctification. Voici comment elle s'en est expliquée elle-même dans l'admirable autobiographie à laquelle nous ferons de fréquents emprunts :

« Mon souverain Maître me fit voir que mon » âme était cette toile d'attente, sur laquelle » il voulait peindre tous les traits de sa vie » souffrante, qui s'est toute écoulée dans » l'amour et la privation, dans la séparation, » dans le silence et le sacrifice jusqu'à sa con- » sommation ; qu'il ferait cette impression » dans mon âme après l'avoir purifiée de » toutes les taches qui lui restaient tant de » l'affection aux choses terrestres que de » l'amour de moi-même et de la créature pour » lesquelles mon naturel complaisant avait » beaucoup de penchant. »[1]

Plus tard, et lorsque depuis longtemps déjà sous la direction du Maître austère et doux, l'attentive et courageuse élève avait fait, les plus étonnants progrès, elle revenait encore sur cette idée fondamentale et l'exprimait en des termes d'une admirable élévation.

1. Tome II, p. 365.

« Savez-vous bien, disait-elle, que sans le
» saint Sacrement et la croix, je ne pourrais
» pas vivre et supporter la longueur de mon
» exil, dans cette vallée de larmes où je ne
» souhaitais jamais la diminution de mes
» souffrances, car plus mon corps en était
» accablé, plus mon esprit sentait de joie.....
» n'ayant de plus ardent désir que de me
» rendre une véritable et parfaite copie et
» représentation de mon Jésus crucifié. »[1]

Aussi bien, lorsqu'on entreprend de décrire la physionomie d'une âme vraiment sainte, il faut du même coup faire voir Jésus-Christ présent en elle, non par un simple reflet semblable à celui qui, dans la profondeur d'un lac limpide, montre avec une saisissante et trompeuse exactitude la ramure du chêne majestueux planté sur le bord de ses eaux[2];

1. Tome II, p. 408.

2. Dans les célèbres visions de sainte Mechtilde, maîtresse de sainte Gertrude, il est dit que, en un jour de l'Annonciation, après s'être humiliée de ses péchés et avoir reçu l'assurance de son pardon, la sainte s'enhardit à s'appuyer comme saint Jean sur le cœur de Notre-Seigneur : « Securitate accepta et audacia reclinavit se in sinum dilectoris sui Jhesu ». Le Sauveur voulut bien alors lui faire un mystérieux et surnaturel transfert des sentiments et opération de son humanité

mais par une image d'une substantielle réalité suivant l'énergique parole de saint Paul lorsqu'il s'écrie : « Ce n'est plus moi qui vis, » c'est Jésus-Christ qui vit en moi. »[1]

Ce travail à la fois divin et humain avait presque devancé le moment où l'enfant prédestinée à de si grandes choses pouvait être estimée capable d'actes réfléchis.

Dès l'âge de quatre ans, la petite Marguerite s'était irrévocablement liée à Jésus-Christ par un vœu qui lui assignait d'avance sa place au milieu des phalanges virginales destinées

sainte. Il appliqua successivement à sa fidèle servante l'efficace et les mérites de ses mains, pour lui communiquer l'énergie et le mérite de ses propres labeurs ; de ses yeux, pour lui donner de voir les choses dans la même lumière que lui et d'avoir part au don exquis des larmes ; de sa bouche et de sa voix, pour se mêler à ses prières et à ses actions de grâces ; enfin, de son Cœur lui-même, pour inspirer et vivifier ses méditations et les pieuses effusions de son âme ; laquelle, comme une cire en liquéfaction qui reçoit et garde l'empreinte dont elle a été marquée, ne fit plus qu'un avec son bien-aimé Seigneur. « Sicque anima tota Christo incorporata et amore divino liquefacta tanquam cera sigillo impressa similitudinem prætendit illius, sic beata illa anima cum dilecto suo unum est effecta ». (*Mechtildis virginis spiritualis gratiæ libri*, pars 1a, cap. I.)

1. Gal. II, 20.

à former dans le ciel l'escorte d'honneur de l'Agneau sans tache. Cet engagement à la parfaite et perpétuelle chasteté faisait dans cette âme comme ce fond d'or sur lequel Celui qui s'appelle dans nos Écritures « le générateur de la Beauté [1] », devait se plaire à fixer les traits de sa propre ressemblance, c'est-à-dire son amour pour la prière, son humilité, sa douceur, son obéissance et l'incroyable ardeur avec laquelle il a voulu endurer les douleurs de sa Passion.

*
* *

Application de Marguerite-Marie à la prière.

Jésus-Christ rédempteur n'avait pas besoin de prier pour lui-même; mais sachant combien la prière est essentielle au salut et à la sanctification de l'homme ignorant et pécheur [2], il ne s'est pas contenté de donner à

1. Speciei generator. (Sap. XIII, 3.)

2. Christus ex quo homo, infirmus; ex quo infirmus, ex hoc et orans. (S. Aug. *Enarr. in ps.* XXIX.) — Ad hoc Christus oravit ut doceret te orare. (Id. *Enarr. in ps.* LVI.)

ses apôtres le précepte et la formule de la prière : il y a joint l'exemple. Souvent, dans l'Évangile, il est parlé de son oraison de jour et de nuit [1]. Comment ressembler à Jésus-Christ, si l'on ne vit pas dans une sorte de prière continuelle?

Marguerite n'avait guère plus de huit ans lorsque, tourmentée par le besoin surnaturellement instinctif de ressembler à Jésus-Christ accomplissant par la prière une partie, et non la moindre, de son ministère de rédemption, elle s'adressait à Lui pour dire, comme les apôtres : « Seigneur, enseignez-moi la science de l'oraison. » [2]

Elle nous apprend elle-même de quelle façon fut exaucé cet ardent désir de son âme : « Mon souverain Maître m'apprit comme il » voulait que je fisse oraison; ce qui m'a servi » toute ma vie. Il me faisait prosterner hum- » blement devant lui pour lui demander pardon » de tout ce en quoi je l'avais offensé; et puis, » après l'avoir adoré, je lui offrais mon oraison » sans savoir comme il m'y fallait prendre. » Ensuite, il se présentait lui-même à moi » dans le mystère où il voulait que je le con-

1. Luc. VI, 12.
2. Domine, doce nos orare. (Luc. XI, 1.)

» sidérasse; et il appliquait si fort mon esprit
» en tenant mon âme et toutes mes puissances
» englouties dans lui-même que je ne sentais
» point de distractions;....... j'y aurais passé
» des jours et des nuits entières, sans boire
» ni manger, et sans savoir ce que je faisais,
» sinon de me consommer[1] en sa présence
» comme un cierge ardent, afin de lui rendre
» amour pour amour. »[2]

Ce que la jeune Marguerite Alacoque, au milieu de la famille, surveillée par ses parents, ne pouvait pas toujours aisément faire pour donner satisfaction à cette passion de la prière, plus tard, il deviendra loisible à la Visitandine de l'accomplir, sans toutefois se départir jamais de l'obéissance due à ses supérieures. De plus en plus dévorée par le besoin d'imiter la prière continuelle de Jésus-Christ qui, dans le saint Sacrement, ne cesse d'intercéder en notre faveur auprès de son Père[3], il lui arrivera de consacrer des nuits à une prière ininterrompue. En 1715, lors de la première information canonique, la supérieure du monastère, Anne-Élisabeth de la Garde,

1. Pour *consumer*.
2. *Vie de la Bienheureuse par elle-même*. II, 345.
3. Rom. VIII, 34. Hebr. VII, 25.

qui avait été compagne de noviciat de la Bienheureuse, attestait que « la Sœur Mar- » guerite-Marie passait tous les temps libres » devant le saint Sacrement, dans une adora- » tion profonde, les mains jointes ; — que tous » les jours de fête, depuis qu'elle était levée » jusqu'au dîner et depuis la fin de la récréa- » tion jusqu'à vêpres, elle y était en oraison ; » que les jeudis saints, plusieurs années de » suite, elle a passé depuis les sept heures du » soir jusqu'à sept heures du lendemain matin, » à genoux, dans une même place, sans se » mouvoir. Ce que ladite déposante a examiné » le temps qu'elle demeurait au chœur, et » donnant commission à d'autres Sœurs de » l'examiner aussi pendant qu'elle s'allait » reposer, pour savoir si elle ferait de même : » et elles l'assuraient qu'elle s'était tenue » toute la nuit, les mains jointes, comme » immobile.[1]

Et quand on lui demandait comment elle pouvait rester si longtemps dans la même posture, et à quoi elle pouvait penser, elle répondait : « Je suis si occupée de la passion » de Notre-Seigneur que je ne sais pas si j'ai

1. Mgr Languet, *Vie*, édition de 1729, 64-68.

» un corps dans ce temps-là, car je ne le sens » pas. »

A vrai dire, la prière n'est pas tant une partie essentielle de l'imitation de Jésus-Christ que le moyen nécessaire d'obtenir les grâces sans lesquelles il serait impossible à l'infirmité humaine de s'élever jusqu'à la ressemblance effective avec le vivant exemplaire de la perfection. C'est la prière qui est l'âme et comme le principe générateur de l'humilité, de l'obéissance et de toutes les autres vertus surnaturelles.

*
* *

Son humilité et son obéissance.

Jésus-Christ, Rédempteur des hommes, s'est, en quelque sorte, comme le dit saint Paul, « anéanti lui-même; il a pris la forme » d'un esclave, il s'est humilié, il s'est fait » obéissant jusqu'à la mort et à la mort de » la croix. »[1]

1..... Semetipsum exinanivit, formam servi accipiens; humiliavit semetipsum, factus obediens usque ad mortem, mortem autem crucis. (Phil. II, 7, 8.)

Humilité, obéissance, mortification : voilà bien les traits essentiellement caractéristiques de la physionomie morale du Dieu fait homme ; — voilà par où il se différencie absolument des faux dieux et des héros du paganisme, lesquels ne se distinguaient du reste de l'humanité que par une ostentation plus orgueilleuse de la force et par un déchaînement plus cynique des instincts et des passions de la nature corrompue.

C'est très spécialement à l'occasion de ces incroyables abaissements du Verbe incarné, que l'apôtre adressait aux Philippiens une recommandation dans laquelle il faut voir une des règles fondamentales de la vie chrétienne : « Ayez au-dedans de vous-mêmes les senti» ments du Christ Jésus. »[1]

Par conséquent, si vous voulez être véritablement ses disciples, imitez-le dans son humilité et dans ses prodigieux anéantissements ; imitez-le dans son obéissance ; imitez-le jusque dans les douleurs de sa passion et de sa mort. A ce triple égard, on peut affirmer qu'il n'y a pas un seul saint dans lequel on ne retrouve l'empreinte profonde de l'humilité, de

1. Hoc enim sentite in vobis quod et in Christo Jesu. (Phil. II, 5.)

l'obéissance et de la mortification de Jésus-Christ.

Prédestinée à la sainteté, Marguerite-Marie ne devait pas faire exception à la règle générale; et s'il est vrai que son âme ait été semblable à « la toile d'attente » sur laquelle le Sauveur lui-même s'était proposé de reproduire sa ressemblance, il ne faudra pas être surpris qu'il ait mis en relief, par des traits plus accentués et à l'aide de couleurs plus saisissantes, l'image vivante de ses abaissements et de sa Passion.

Dès sa jeunesse, longtemps avant d'avoir été assujettie à cette discipline religieuse qui a pour but spécial de former et de développer dans des âmes choisies l'imitation fidèle et courageuse de Jésus humilié, obéissant et immolé, Marguerite-Marie s'y était essayée en ne laissant rien perdre des leçons et des exemples d'un tel maître.

Durant plusieurs années, le foyer domestique fut pour elle l'école de l'humilité, de la soumission, de la patience. Madame Alacoque, sa mère, était devenue veuve. Après la mort de son mari, elle avait laissé envahir sa maison par des parentes éloignées qui s'y étaient établies en maîtresses et qui exercèrent une domination tyrannique et vulgaire dont la jeune Marguerite eut tout particulièrement à souffrir. Jamais cependant, de la part de la pauvre opprimée, ni une révolte, ni une plainte, même lorsqu'elle se voyait refuser des vêtements convenables pour aller à l'église. Non seulement elle obéissait sans murmurer, mais elle s'interdisait de juger la conduite de ces personnes. Éclairée par les surnaturelles lumières de la foi, elle voyait en elles « de véritables amies de son âme », auxquelles elle était reconnaissante des rudes traitements qu'elles lui infligeaient et qui lui donnaient occasion « d'expier ses péchés ».

Qui pouvait former de tels sentiments dans un cœur de seize ans, naturellement énergique et fier, sinon Celui qui avait dit de lui-même : « Apprenez que je suis doux et humble de cœur? »[1]

Dire que Marguerite-Marie fut humble, ce serait ne rien apprendre sur son compte, puisque l'humilité est un élément essentiel de la vertu chrétienne, même à son degré le plus élémentaire. Or, ne l'oublions pas, son humilité refléta par une image très fidèle l'humilité du Verbe incarné, de Celui dont l'apôtre nous dit que, « dans l'excès de ses

1. Matth. xi, 29.

volontaires abaissements, il s'est anéanti lui-même. » *Exinanivit semetipsum.*

S'il est un sujet sur lequel soit revenue dans ses écrits, avec une sorte d'insistance systématique, cette religieuse qui ne s'est résolue à parler d'elle-même que par obéissance, c'est le désir intense d'être humiliée, inconnue, méconnue, méprisée, oubliée à tout jamais par les créatures.

Il faudrait transcrire ici des pages entières, si l'on voulait donner une idée du degré extraordinaire où cette âme a porté l'amour de sa propre abjection.

Pour notre édification personnelle, nous avons tenu à recueillir textuellement, soit dans son mémoire autobiographique, soit dans ses lettres, les nombreux passages dans lesquels elle a exprimé à cet égard les sentiments les plus conformes à ceux de son divin modèle.

Nous en avons composé une sorte d'écrin où se voient rangées, les unes auprès des autres, ces perles très précieuses de la plus sincère et surnaturelle humilité. Nous en détacherons quelques-unes dont l'extraordinaire pureté et limpidité sera aisément admirée par tous ceux qui sont capables d'apprécier de tels trésors.

Notre unique embarras est de faire un choix. [1]

Pendant le gouvernement de la Mère Péronne-Rosalie Greyfié (de 1678 à 1684), Marguerite-Marie fut servie à souhait et put tout à l'aise contenter sa passion d'humilité. Douée d'une volonté très énergique, cette supérieure qui voulait arriver à se rendre un compte exact des voies extraordinaires de la Sœur, l'avait de parti pris traitée avec une rigueur extrême et ne lui avait épargné ni les reproches ni les humiliations. La Mère Greyfié quitta Paray pour devenir supérieure du monastère de Semur-en-Auxois. Voici en quels termes, peu de temps après son départ, lui écrivait Marguerite-Marie :

« Comment se peut-il faire qu'avec tant de » défauts et de misères, mon âme soit tou- » jours si affamée de souffrances et de morti- » fications?....... Quand je pense que vous lui » faisiez la charité de la soutenir de ce pain » délicieux, quoique amer à la nature, et que

1. Nous recommandons un « Recueil des Pensées de la Bienheureuse », textuellement extraites de ses écrits et disposées méthodiquement pour chaque jour de l'année, par le R. P. Joseph Tissot, supérieur des Missionnaires de Saint-François-de-Sales d'Annecy. (Poitiers, chez Oudin, 1880.)

» maintenant je m'en vois privée, à cause » sans doute du mauvais usage que j'en ai » fait, cela me comble de douleur. Je puis » bien vous dire que rien ne m'a tant liée à » votre Charité que cette conduite à laquelle » je ne saurais penser qu'avec une tendre » reconnaissance pour vous qui ne pouviez » me donner de plus effectives marques d'une » parfaite amitié qu'en m'humiliant et me » mortifiant.

»..... Il me semblait que je vivais en assu- » rance sous votre conduite, parce qu'elle me » faisait toujours marcher à rebours de mes » inclinations naturelles; et c'est ce qui » faisait plaisir à cet Esprit duquel je crois » être conduite, qui me voudrait toujours voir » abîmée dans toutes sortes d'humiliations, » souffrances et contradictions. »[1]

Ne le voyons-nous pas à l'œuvre, cet Esprit de Jésus (comme parle l'apôtre saint Paul)[2], agissant immédiatement sur l'âme de sa fidèle et courageuse servante, pour y tracer l'image de sa propre humilité?

Moins d'un an avant sa mort, lorsque, malgré tous ses efforts pour vivre inconnue

1. Lettre de juillet 1684 (I, 84, 85).
2. Act. XVI, 7.

des créatures, son nom commençait à se répandre avec la mission extraordinaire qui lui avait été confiée, l'effroi où la jetait cette notoriété si redoutée lui inspirait ces touchantes paroles :

« Mon adorable Maître me tient par l'excès » de sa miséricordieuse bonté si anéantie » dans mon esprit par la vue d'un fonds entiè» rement ruiné et pauvre de tout bien spiri» tuel que je m'en fais pitié et horreur à moi» même, qui ne peux assez m'étonner non » seulement de ce que l'on daigne donner » quelque croyance à ce que peut dire une si » méchante créature, mais comme l'on se » peut encore souvenir d'elle. Priez son » infinie Bonté qu'il m'ensevelisse dans un » éternel mépris et oubli de toutes les créa» tures dont je me sens un si grand désir. »[1]

Affamée d'humiliations, pour mieux ressembler à son divin modèle, Marguerite-Marie a voulu aussi imiter cette obéissance de l'Homme-Dieu dont l'apôtre nous dit qu'elle a été portée « jusqu'à la mort de la croix. »[2]

En plus d'une circonstance, des supé-

1. Lettre du 21 août 1689, à la Sœur de la Barge, à Moulins.

2. Phil. II, 8.

rieures très intelligentes et très fermes[1], qui d'ailleurs se conformaient au devoir de leur charge, la soumirent aux épreuves les plus délicates. Elles allèrent même jusqu'à lui défendre d'obéir aux ordres positifs qu'elle affirmait avoir reçus de Notre-Seigneur Jésus-Christ lui-même. Il fut impossible de la prendre jamais en défaut et de saisir dans sa conduite la moindre opposition aux exigences de son vœu d'obéissance. Il lui en coûta parfois de terribles agonies intérieures, puisqu'il lui fallait lutter contre des certitudes de conscience absolument lumineuses et impératives. C'était vraiment pour elle l'obéissance « jusqu'à la mort de la croix » qui s'imprimait en elle par ressemblance avec le divin Maître. Il avait eu soin d'ailleurs de lui apprendre comment, dans l'état religieux, l'infaillible pierre de touche de toute sagesse, de toute vertu, de toute perfection, c'est une entière obéissance à l'égard des règles et à l'égard des supérieurs. A la rigueur, les visions, même entourées des signes les plus authentiques de véracité, peuvent n'être que

1. La Mère de Saumaise, et plus encore la Mère Greyfié qui regarda toujours comme un devoir de conscience de traiter la Sœur avec une très grande sévérité.

des illusions. Satan lui-même est capable de se transfigurer en ange de lumière [1]. Mais l'obéissance complète, ponctuelle, consciencieuse aux commandements de ceux qui, dans l'Église, sont investis de l'autorité de Dieu ne saurait jamais tromper personne. Suivant la parole très connue de la sainte Écriture, elle porte infailliblement avec elle le drapeau de la victoire [2]. A la bien comprendre, d'ailleurs, l'obéissance n'est qu'une des applications pratiques de l'humilité et de l'esprit de mortification. Quand on désobéit, c'est ou bien parce que l'on croit avoir plus d'esprit que la règle ou que le supérieur; ou bien parce qu'on n'a pas le courage de s'imposer un sacrifice commandé par le devoir.

*
* *

Sa mortification.

Humble et obéissante, Marguerite-Marie avait été initiée de très bonne heure à la science pratique de la souffrance. En effet, presque aussitôt après sa première

1. II Cor. XI, 14.
2. Prov. XXI, 28.

communion qu'elle fit à neuf ans, chez les Clarisses de Charolles, elle subit l'atteinte d'une maladie, moitié rhumatisme, moitié paralysie, qui la retint captive au lit pendant quatre années consécutives, de 1656 à 1660. Elle en fut guérie à la suite d'un vœu fait à la sainte Vierge. Un peu plus tard, elle fut cruellement tourmentée par des ulcères aux jambes. Mais, initiée par l'Esprit de Dieu à l'intelligence du mystère de la croix, elle sut bien vite ajouter les pénitences volontaires à celles qui résultent des accidents et des infirmités de la vie.

« Depuis l'âge de dix ou douze ans, nous disent ses contemporaines, elle coucha ordinairement sur la dure, sans excepter les jours les plus froids de l'hiver[1] » ; un peu plus tard même, pendant la période de sa vie où elle eut à se reprocher de ne s'être pas suffisamment tenue en garde contre l'attrait des réunions et des toilettes mondaines, elle pratiquait d'effrayantes austérités. Chaînes de fer, corde à nœuds serrant son corps jusqu'à pénétrer dans la chair, disciplines sanglantes, jeûnes prolongés, on peut dire

1. *Contemporaines*, I, 40.

qu'aucun genre de mortification ne lui était inconnu.

Devenue religieuse, et presque au moment où son noviciat allait se terminer, elle s'était offerte à Notre-Seigneur « en le priant de » recevoir le sacrifice de l'holocauste qu'elle » désirait lui offrir, en union avec le sien. » Le Sauveur lui avait répondu : « Souviens-toi » que c'est un Dieu crucifié que tu veux » épouser. C'est pourquoi il te faut rendre » conforme à lui, en disant adieu à tous les » plaisirs de la vie, puisqu'il n'y en aura plus » pour toi qui ne soient traversés de la » croix. »[1]

C'était au soir du 2 novembre 1672, quatre jours avant sa profession, que cette âme généreuse s'offrait ainsi d'elle-même pour être un holocauste et qu'elle avait l'ineffable consolation de voir cette oblation acceptée.

A partir de ce moment, ce n'est plus assez de dire que Jésus a peint son image en elle. Cette métaphore devient insuffisante.

En effet, le pinceau dont le peintre se sert pour mettre des couleurs sur son tableau n'atteint que la superficie de la toile et ne va

1. *Contemporaines*, I, p.

pas au delà. Il en est tout autrement des outils employés pour leur travail par le sculpteur et par le graveur. Armé de son ciseau, le premier frappe à coups redoublés sur le bloc de marbre d'où il veut faire sortir une statue. Il faut que le second entame avec son burin la plaque de métal dont il pénètre la substance, et ce n'est, si l'on peut ainsi parler, qu'au prix de mille déchirures qu'il réussit à y graver l'image projetée. Ainsi en est-il des chrétiens appelés à l'honneur de reproduire dans la profondeur de leur être l'image de Jésus immolé et crucifié.

« Je porte en mon corps, disait saint Paul, » les stigmates du Seigneur Jésus et j'accom- » plis dans ma chair ce qui manque aux souf- » frances du Christ. »[1]

Saint Augustin commente admirablement ces mystérieuses paroles de l'Apôtre. « Si » vous comprenez que le Christ intégral se » compose tout à la fois de Lui qui est la tête » et de nous qui sommes les membres, vous » comprendrez également que la Passion du » Sauveur n'a pu se consommer entièrement » en sa seule personne. Il y a une part qui

1. Gal. vi, 17; Col. i, 24.

» nous est réservée et dont il faut que nous » acceptions le douloureux honneur. Cette » passion du chef et du corps ne sera complète » qu'à la fin de l'histoire de l'humanité. » Jusque-là, les membres vivants de Jésus-Christ, les vrais chrétiens, les saints, se regarderont comme obligés à souffrir avec Lui. C'est une dette collective dont, sans doute, il a pris sur lui la part la plus considérable, mais sans nous dispenser d'acquitter la nôtre, proportionnée à notre vocation, aux grâces que nous avons reçues, à notre foi, à notre courage, à notre charité.[1]

Ici encore, nous nous laisserions entraîner trop loin, si nous prétendions redire dans leur suite chronologique et sans en rien omettre « les passions » presque continuelles aux-

1. Si in membris Christi es, quidquid pateris, deerat passionibus Christi... Mensuram imples, non superfundis; tantum pateris, quantum ex passionibus tuis inferendum erat universæ passioni Christi qui passus est in capite nostro et patitur in membris suis, id est in nobis ipsis. Ad communem hanc quasi rempublicam nostram *quisque pro modulo nostro exsolvimus quod debemus, et pro possessione virium nostrarum* quasi canonem passionum inferimus. Pariatoria plenaria passionum omnium non erit nisi cum sæculum finitum fuerit. (S. Aug. *Enarr. in ps.* LXI, n° 4.)

quelles la servante de Dieu a été assujettie. Non certes, elle n'a pas été ménagée par Celui qui voulait la rendre très effectivement participante de ses propres immolations, avant de lui confier une mission extraordinaire.

A la suite de sa profession religieuse, Marguerite-Marie fut d'abord traitée avec une exquise douceur par son céleste Époux. Elle en était surprise et presque troublée.

La place des vrais amis et disciples du Crucifié n'est-elle pas auprès de Lui, sur la montagne de l'immolation ? Elle avait même le courage de réclamer contre les ménagements dont elle était l'objet[1]. Ses vœux de religion ne lui imposaient-ils pas l'obligation stricte d'être la copie de ce Jésus qu'elle voyait tout défiguré et déchiré sur le Calvaire ? Le Sauveur l'engageait à prendre un peu patience et « à lui laisser faire chaque » chose en son temps. » Une vision d'un sym-

1. *Contemporaines*, I, p. 71. « Cœur très miséricor- » dieux, disait-elle encore dans une de ses prières, » détruisez en moi le règne du péché et y établissez » celui de la vertu, *afin que votre image demeure* » *parfaitement achevée.* (Petit livret de la Bienheureuse, dont le texte original se conserve à l'hôpital de Paray. Édition de 1883, p. 24.)

bolisme très instructif lui confirma bientôt cet enseignement. Elle venait de communier et elle réitérait sa plainte : « Eh quoi ! mon » Dieu, me laisserez-vous toujours vivre sans » souffrir ? » Le Sauveur lui montra une grande croix dont elle ne pouvait voir le bout, mais qui était toute couverte de fleurs. « Peu » à peu, lui dit Notre-Seigneur, ces fleurs tom» beront, il ne restera que les épines ; et elles » te feront sentir si vivement leurs pointes » que tu auras besoin de toute la force de mon » amour pour en accepter le martyre. »[1]

Cette annonce, que beaucoup d'entre nous sans doute appelleraient une effrayante menace, fit tressaillir de joie celle qui en était l'objet. « Elle pensait, disent ses vénérables » contemporaines, qu'il n'y aurait jamais assez » de souffrances pour désaltérer la soif ardente » qu'elle en avait, qui ne lui laissait de repos » ni jour ni nuit. »

A partir de ce moment, le cri le plus ordinaire de cette âme héroïque sera celui-ci : « Il » n'y a que la douleur qui puisse me rendre » la vie supportable. »

1. *Sa Vie par elle-même*, II, 375.

Étrange renversement de tous les instincts naturels ! Ce que la plupart des hommes, et même, disons-le à notre confusion, ce que la plupart des chrétiens recherchent avec une si âpre convoitise, à savoir la considération, les aises et les jouissances de la vie, Marguerite-Marie le déteste et le fuit. Par contre, ce qu'elle estime, ce qu'elle aime, ce qu'elle désire, ce qu'elle recherche par-dessus tout, c'est la croix de Jésus-Christ, afin d'y être clouée avec Lui. [1]

Elle a raconté que, dans une défaillance dont elle fut un jour saisie, il lui sembla voir les trois personnes de « l'adorable Trinité s'approcher d'elle. » Son âme en ressentit d'abord une grande consolation. Puis, elle vit le Père éternel « lui présenter une fort grosse » croix, toute hérissée d'épines, accompagnée » de tous les autres instruments de la Passion, » et il lui dit : Tiens, ma fille, je te fais le » même présent qu'à mon Fils bien-aimé. — » Et moi, me dit mon Seigneur Jésus-Christ, » je t'y attacherai comme j'y ai été attaché, et » je t'y tiendrai fidèle compagnie. » Et le

1. Gal. II, 19.

Saint-Esprit lui donna l'assurance « que lui » qui n'était qu'amour, la consommerait en la » purifiant. »[1]

Cette vision prophétique reçut le plus exact accomplissement. Maladies de longue durée, interrompues seulement à de rares intervalles par des guérisons soudaines scientifiquement inexplicables, et d'ailleurs annoncées d'avance de la façon la plus précise, par la Sœur, comme devant être le signe de la véracité de ses révélations; accidents ou blessures d'où elle sortait douloureusement mutilée; pénitences corporelles et mortifications dont certains détails mêmes ne peuvent être redits, tant ils dépassent la mesure de ce que la nature est capable de supporter; tourments intimes d'une âme délicate longtemps partagée entre la conscience qu'elle avait de la réalité des états extraordinaires devenus pour ainsi dire le fonds habituel de sa vie et les sentiments d'obéissance et de respect avec lesquels elle voulait accueillir des décisions rendues à son sujet par des personnes pleines de science et d'autorité qui la qualifiaient ouvertement de

1. *Sa Vie par elle-même*. II, 384.

visionnaire et de folle ; voilà, d'une façon abrégée et en omettant beaucoup d'épisodes qu'il faut lire dans ses historiens, comment se vérifia pour elle la vision de la « croix hérissée » de gros clous et accompagnée de tous les » instruments de la Passion. »

Avec quelle fermeté de courage et de persévérance Marguerite-Marie accomplit jusqu'au bout cette continuelle immolation, tout en rend témoignage.

Voici ce qu'écrivait peu de temps après sa mort la Mère de Saumaise, son ancienne supérieure :

« Dans le désir qu'elle avait de se rendre, » autant qu'elle pouvait, conforme à Notre-» Seigneur Jésus-Christ, elle a fait et souffert » des choses très crucifiantes avec une paix, » patience et douceur presque incroyables. » Si elle recevait quelques peines, humilia-» tions, contradictions ou mortifications de » quelques personnes, elle faisait de grandes » instances pour qu'il lui fût permis de faire » pour elles des disciplines, macérations et » autres pénitences..... L'on pourrait dire, » sans exagérer, qu'il n'y a point d'ambitieux » d'honneur et de plaisir plus ardent qu'elle » ne l'était des croix, humiliations et souf-

» frances dont elle faisait sa joie, bien qu'elle » y fût très sensible. »[1]

L'autre supérieure par laquelle Marguerite-Marie fut si rigoureusement éprouvée, la Mère Greyfié, ne portait pas sur elle un autre jugement.[2]

Les contemporaines appelées à déposer dans l'enquête canonique de 1715, n'ont eu qu'une voix lorsqu'elles ont dû répondre aux questions qui leur étaient adressées sur l'amour de la Sœur Alacoque pour la souffrance, et sur ses pratiques de mortification.[3]

Elle-même d'ailleurs s'en est expliquée en des termes qu'on ne peut relire sans être pénétré à la fois d'admiration et de stupeur. Si jamais la bouche a parlé de l'abondance du cœur, c'est bien lorsque cette courageuse imitatrice de Jésus crucifié exprimait son ardent et constant désir de lui ressembler.

« Il me semble n'être qu'une croix au corps » et à l'esprit sans que je m'en puisse plaindre, » ni désirer de consolation autre que celle de » n'en avoir jamais en ce monde et de vivre

1. *Contemporaines*, I, p. 145.
2. Id. p. 168.
3. *Vie et œuvres*, I, p. 349 et suivantes.

» toute cachée en Jésus crucifié, inconnue » dans ma souffrance, afin qu'aucune créature » n'ait compassion et souvenir de moi que » pour augmenter mon tourment. »[1]

« Si j'étais un seul moment sans souffrir, » disait-elle ailleurs, je croirais que mon Maître » m'a oubliée et abandonnée. »

L'auteur de l'*Imitation* conseille très sagement de ne pas disputer du mérite respectif des saints, et encore moins de leur assigner des rangs dans l'échelle de la perfection[2]. A cet égard, les vraies lumières nous font défaut, et Celui-là seul qui lit dans les âmes et qui sait exactement quelle mesure de grâces il leur donne et comment chacune y répond, peut déterminer entre elles la hiérarchie des vertus, des mérites et des récompenses.

Nous nous garderons bien de nous écarter d'une recommandation aussi sensée. Mais sans prétendre instituer ici aucune comparaison, il sera permis d'affirmer que notre Visitandine a conquis une place d'honneur parmi les saints en qui le travail de la grâce et leur

1. Lettres, II, p. 36.
2. Livre III, ch. LVIII, n° 2.

propre fidélité ont opéré la conformité la plus exacte avec notre divin Sauveur.

Oui vraiment, elle a réalisé dans d'admirables proportions le sublime et austère idéal proposé par le Maître lui-même et par ses disciples les plus immédiats à l'imitation de toutes les âmes vraiment chrétiennes. Voulant suivre Jésus, elle s'est renoncée elle-même et elle a pris sa croix [1]. Comme Lui, elle s'est abaissée et anéantie par l'humilité ; comme Lui, elle a enchaîné sa liberté dans la plus parfaite obéissance; comme Lui et pour l'amour de Lui, elle a enduré la lente et douloureuse agonie de la pénitence, et l'on peut bien appliquer à son âme ce que les traditions nous rapportent du linge avec lequel une pieuse femme, émue de compassion, essuya le visage du Rédempteur, tout défiguré par les indignes traitements dont l'accablait la foule déicide. Cette face adorable marqua le voile de sainte Véronique d'une empreinte demeurée ineffaçable. En un mot, et suivant l'énergique et presque intraduisible expression de saint Paul, la ressemblance de la mort de Jésus-Christ s'était comme implantée, enraci-

1. Matth. XVI, 24.

née [1], incrustée dans cette âme pour y produire cette ressemblance avec Jésus-Christ dans laquelle, par un étonnant mystère dont il a prophétiquement formulé la loi, la mort passagère de la pénitence évangélique prépare une vie surabondante, principe et prélude de la vie pleine et définitive [2].

Porter en elle-même « l'image souffrante de Jésus », telle fut donc en vérité la constante préoccupation et l'inspiration maîtresse de toute sa vie.

D'ailleurs, elle n'avait pas eu d'autre motif pour embrasser l'état religieux que d'y chercher les moyens les plus sûrs de devenir aussi semblable que possible à Jésus-Christ.

Voici comment elle a parlé de son entrée à la Visitation :

1. Si complantati facti sumus similitudini mortis ejus, simul et resurrectionis erimus. (Rom. VI, 5.) Dans l'oraison liturgique de la fête du Sacré-Cœur, l'Église a résumé avec une admirable concision toute cette théorie de l'imitation de Jésus-Christ qui fait l'unité et la sainteté de la vie de notre Bienheureuse : « Fac nos, Domine Jesu, sanctissimi Cordis tui virtutibus indui et affectibus inflammari, ut et *imagini tuæ bonitatis conformes* et tuæ redemptionis mereamur esse participes. » Per D. N. J. C.....

2. Joann. XII, 24, 32 ; X, 10.

« Je sentis gravé dans mon esprit que cette » maison de Dieu était un lieu saint; que » toutes celles qui l'habitaient devaient être » saintes; que le nom de « sainte Marie » me » signifiait qu'il la fallait être à quelque prix » que ce fût, et que c'était pourquoi il fallait » s'abandonner et sacrifier à tout sans aucune » réserve et ménagement. »[1]

Être sainte *à quelque prix que ce fût* : telle fut la résolution initiale de la jeune fille qui, à l'âge de vingt-trois ans, franchissait le seuil de la Visitation de Paray, le samedi 20 juin 1671, date à jamais mémorable dans les annales du monastère et de tout l'Institut.

Cette brève formule : *à quelque prix que ce fût*, ne devait pas être l'expression d'un enthousiasme éphémère destiné à s'affaiblir graduellement au contact des difficultés et des sévérités de la vie religieuse.

Elle fut la devise très véridique à laquelle, avec une énergie qui ne se démentit jamais un seul instant, Marguerite-Marie conforma le détail de chaque jour et presque de chaque heure, durant les dix-neuf années de sa vie religieuse.

1. *Sa Vie par elle-même*, II, 364.

Il est juste d'ajouter que, dans ces âpres ascensions de la voie étroite, elle fut puissamment aidée par des grâces exceptionnelles, et soumise d'une façon presque non interrompue à une action divine d'un caractère presque miraculeux.

*
* *

Grâce dont elle fut favorisée d'une continuelle présence de Notre-Seigneur.

Parmi ces grâces, il est logique de mettre en première ligne celle que l'on doit considérer comme le principe de toutes les autres. Elle en a elle-même rendu compte dans les termes suivants :

« Mon divin Maître me gratifia de sa divine » présence, — mais d'une manière que je » n'avais encore point expérimentée ; car » jamais je n'avais reçu une si grande grâce » pour les effets qu'elle a opérés toujours en » moi depuis.

» Je voyais mon souverain Maître ; je le » sentais proche de moi ; je l'entendais beau» coup mieux que si c'eût été des sens corpo-

» rels, par lesquels j'aurais pu me distraire...
» Cela imprima en moi un profond anéantisse-
» ment....... Par respect et hommage à cette
» grandeur infinie, j'aurais voulu toujours
» être la face prosternée contre terre ou à
» genoux, ce que j'ai fait depuis, autant que
» les ouvrages et ma faiblesse l'ont pu per-
» mettre.

» Depuis que mon Souverain m'accompa-
» gnait partout, je ne me souciais plus du
» temps ni du lieu. Je me trouvais indifférente
» à toutes les dispositions que l'on pût faire
» de moi..... »[1]

Recueillons-nous ici quelques instants, N. T. C. F., et admirons comment, à l'école de l'Esprit-Saint une fille étrangère à l'étude de la métaphysique fut surnaturellement élevée à une sagesse qui eût ravi d'admiration les Platon, les Aristote et les plus grands génies philosophiques du dix-septième siècle.

Pourquoi sommes-nous si sensibles à l'éloge ou au blâme, à la gloire ou à l'humiliation, aux avantages de l'indépendance ou aux sacrifices que l'obéissance exige de nous; d'où

1. *Sa Vie par elle-même*, II, 371-375.

vient que nous nous laissons si facilement attirer par le plaisir et rebuter par la souffrance, sinon de ce que nous n'avons avec Dieu, le Bien infini et la Beauté suprême, qu'un commerce superficiel et intermittent ? Sans doute, à certains moments, le divin nous saisit et nous rend comme indifférents aux conditions et aux vicissitudes de la vie présente. Mais dans les fréquents intervalles de ces communications avec les réalités du monde d'en haut, et quand la vie naturelle reprend sur nous son empire, nous redevenons très aisément les esclaves de notre orgueil et de notre sensualité.

Au contraire, si une âme vit dans un contact perpétuel avec Dieu présent, vu, senti, tout lui devient facile, même dans l'ordre des renoncements les plus coûteux à la nature. Elle ramène aisément à cette essentielle et bienheureuse unité tous les incidents de l'existence, quels qu'ils soient. Elle oublie sans peine le relatif qui disparaît dans la contemplation et la possession habituelle de l'absolu.

En effet, à qui plonge constamment par la pensée, la prière, l'adoration et l'action de grâces dans la plénitude et l'océan des perfections de Dieu, qu'importent les circonstances contingentes du lieu, du temps, des personnes, des événements[1] ? Qu'est-ce, pour une créature humaine, que la pauvreté, l'assujettissement, l'humiliation, la souffrance, lorsque par le fond de son être elle adhère à Celui qui est la souveraine richesse, la souveraine liberté, la souveraine gloire, la souveraine béatitude ?

Dans son fameux discours de l'Aréopage, l'apôtre saint Paul, voulant rappeler à des païens la nécessaire vérité de l'omniprésence de Dieu[2], s'est servi de ces expressions de *contact* et *d'adhérence;* à plus forte raison, est-il permis de les employer quand il s'agit d'expliquer comment Dieu daigne manifester à certaines âmes sa présence et son action surnaturelles.

Toutefois, nous disons *contact* et *adhérence* et non pas *absorption.*

La doctrine panthéiste qui ramène tout à l'unité de substance absorbe le fini dans l'in-

1. L'auteur de l'*Imitation* exprime admirablement cette pensée au chapitre IIIe du Ier livre, et particulièrement dans ces paroles du n° 2 : « Cui omnia unum sunt et omnia ad unum trahit, et omnia in uno videt, potest stabilis corde esse et in Deo pacificus permanere. »

2. Quærere Deum, si forte attrectent eum ; quamvis non longe sit ab unoquoque nostrum. (Act. Ap. XVII, 27.)

fini. Elle est donc conséquente avec elle-même quand elle nie la liberté, le mérite ou le démérite de l'être créé. Mais si loin que le mysticisme chrétien conduise en théorie et en pratique l'union de l'âme avec Dieu, il maintient toujours une infranchissable barrière entre le Créateur et la créature ; entre l'éternel et le contingent. Aux heures mêmes de leurs plus sublimes extases, les âmes ont toujours conscience de leur existence personnelle ; elles ne perdent jamais de vue cette vérité fondamentale que Dieu est Celui qui est, tandis que leur être d'emprunt retomberait de lui-même dans le néant si Dieu ne le soutenait [1]. L'union habituelle, constante, continuelle avec Dieu ne diminue donc ni la liberté ni le mérite des saints ; mais elle explique comment, suivant les formules très exactes de nos grands théologiens, ils arrivent à faire avec tant d'aisance les choses estimées les plus difficiles, parce que les plus sublimes opérations de la grâce semblent être devenues en eux une seconde

1. « O bien suprême, Dieu infini, dit quelque part » sainte Catherine de Sienne, je suis celle qui ne suis » pas. Mais vous, vous êtes Celui qui est l'Être, et » toutes les grâces, je les tiens de vous qui me les » avez données par amour. » (Dialogue CXXXIV.)

nature[1]. Il est indispensable de se rappeler ces explications et ces distinctions à la fois très philosophiques et très théologiques, si l'on ne veut pas être troublé, presque scandalisé, de l'ardeur étrange avec laquelle les saints ont embrassé et soutenu tout ce qui nous inspire une instinctive horreur.

*
* *

Relation des vertus de la Bienheureuse avec la mission qui lui était destinée.

Dans le plan de l'éternelle sagesse, tout ce travail de sanctification devait préparer Marguerite-Marie à manifester au monde les trésors de grâces que renferme le Cœur adorable de Jésus-Christ. Or, il ne suffisait pas de lui révéler par des communications

1. Qui est adeptus felicem unionis statum circa difficillima propter Dei amorem continua promptitudine, tranquillo animo et quasi per modum naturæ operatur... Est modus unionis animæ jam purgatæ cum Deo, per quemdam contactum substantialem quo præsens et unitus sentitur. (Le théologien espagnol Gonzalez, cité et approuvé par Benoît XIV dans son *Traité de la canonisation des saints*, l. III, chap. XXII.)

extraordinaires ce miséricordieux dessein, même en y ajoutant la preuve extérieure des prophéties et des miracles. Pour accréditer devant les hommes l'origine et l'autorité surnaturelle d'une telle mission, il fallait faire éclater en elle des vertus qui rendissent croyables les révélations les plus étonnantes de l'Esprit de Dieu. Mgr Languet l'a fait remarquer avec beaucoup de raison dans le discours apologétique mis en tête de son livre : [1]

« Les preuves les plus décisives de la » sainteté de Marguerite-Marie et des grâces » qu'elle a reçues, ce sont ses vertus, sa » mortification, son obéissance, son humilité, » mais humilité, obéissance, mortification plus » miraculeuses en un sens que les miracles » mêmes.

» En effet, la nature du cœur humain cor- » rompu par le péché originel n'est pas moins » opposée à de telles vertus pratiquées avec » une telle perfection que les éléments ne le » sont aux opérations miraculeuses qui en » changent l'ordre et le mouvement. Dieu seul » peut réformer jusqu'à ce point le cœur

1. Ed. de 1729, p. xxv.

» humain lequel est naturellement aussi or-
» gueilleux, indépendant et sensuel que l'air est
» léger et que la terre est pesante. Et ainsi, non
» seulement les vertus rendent croyables les
» manifestations les plus surprenantes de la
» grâce et les faveurs exceptionnelles, mais on
» peut dire qu'elles les appellent et les rendent
» moralement nécessaires : car il est écrit que
» c'est aux humbles que Dieu révèle ses mys-
» tères les plus profonds. *Revelasti ea parvu-*
» *lis.* »[1]

Le moment est venu pour nous d'aborder ces mystères. Nous nous y sommes préparés par l'étude de psychologie sacrée à laquelle nous avons dû de pouvoir contempler de près l'image de Jésus-Christ reproduite avec une ressemblance très exacte en sa fidèle servante. Nous le disons avec un sentiment profond de reconnaissance : une des joies les plus exquises de la vie présente ; une de celles qui contiennent déjà en germe un des éléments de notre future béatitude, c'est bien d'être admis à pénétrer dans l'intimité d'une âme d'élite, de pouvoir se rendre compte des merveilles accomplies en elle par la grâce, de suivre d'un regard attentif ses généreuses

1. Matth. xi, 25.

ascensions vers les hauts sommets de la vertu.

Assurément, la gloire de Dieu et ses attributs de puissance, de sagesse, de bonté resplendissent dans cet immense univers. Le soleil qui descend sous l'horizon enveloppé dans des nuages de pourpre et de feu; les montagnes qui dressent vers le ciel leurs cimes gigantesques; l'immense océan qui, tantôt dans son mobile azur, rèflète l'azur immobile du firmament, et tantôt roule au loin ses flots irrités, sont d'irrécusables témoins de l'omnipotence divine : *Sol illuminans per omnia respexit, et gloria Domini plenum est opus ejus.* [1]

Mais, après avoir célébré la magnificence de cette création visible, l'écrivain sacré a soin de nous avertir qu'il y a d'autres grandeurs inaccessibles à nos regards de chair, et qui proclament d'une façon encore plus éclatante l'action souveraine du maître du monde : *Multa abscondita sunt majora his...* [2] Ce sont les âmes saintes qui disent avec le plus d'éloquence combien Dieu mérite d'être loué et admiré : *Nonne Dominus fecit*

1. Eccli. XLII.
2. Ibid. XLIII, 36.

sanctos enarrare omnia mirabilia sua, quæ confirmavit Dominus omnipotens stabiliri in gloria sua.[1]

Après avoir joui de cette contemplation si bienfaisante, prêtons une oreille attentive à l'invitation que le Seigneur nous adresse. « Montez plus haut, » semble-t-il nous dire : *Amice, ascende superius.*[2]

Obéissons à cet appel, N. T. C. F., et montons ensemble suivant une mystérieuse parole du Psalmiste « à ce cœur élevé par lequel il a plu au divin Sauveur d'exalter son infinie miséricorde. » *Accedet homo ad cor altum et exaltabitur Deus.*[3]

1. Eccli. LII, 17.
2. Luc. XIV, 10.
3. Ps. LXIII, 7.

DEUXIÈME PARTIE

APOSTOLAT CONFIÉ A LA BIENHEUREUSE RELATIVEMENT AU CULTE DU CŒUR SACRÉ DE NOTRE-SEIGNEUR JÉSUS-CHRIST.

Au moment de franchir le Jourdain pour introduire le peuple de Dieu dans la Terre sainte, Josué, successeur de Moïse, faisait retentir par tout le camp d'Israël la proclamation suivante : « Sanctifiez-vous, car » demain le Seigneur opérera parmi vous des » merveilles. »[1]

Nos Très Chers Frères, nous éprouvons le besoin de nous redire à nous-mêmes ces paroles et de vous les répéter. Après avoir étudié et honoré en Marguerite-Marie la fidèle imitatrice des abaissements et des souffrances du Verbe incarné, le moment est venu de parler de la mission extraordinaire dont elle a été investie par Notre-Seigneur Jésus-Christ lui-

1. Dixit Josue ad populum : sanctificamini : cras enim faciet Dominus inter vos mirabilia. (Josue, III, 15).

même. Il lui a révélé miraculeusement son Cœur et il l'a chargée de le révéler au monde. [1]

Il ne faut pas approcher à la légère de mystères aussi saints. Purifions donc nos pensées et nos affections, afin de nous disposer à entrer dans une région où les faits surnaturels nous attendent pour ainsi dire à chaque pas. « Ainsi, dit l'auteur de la Sagesse, les Hébreux protégés par la main du Seigneur traversèrent sans obstacle les flots de la mer Rouge, ils foulaient aux pieds le gazon des prairies situées au fond de l'abîme, tandis qu'ils admiraient les prodiges dont ils étaient environnés. » [2]

1. On verra plus loin, page 96 (en note), que nous n'avons garde d'oublier l'apostolat très fécond accompli par le P. Eudes dès 1670, à l'égard de ce divin Cœur.

2. In mari Rubro via sine impedimento et campus germinans de profundo nimio; per quem omnis natio transivit quæ tegebatur tua manu, videntes tua mirabilia et monstra. (Sap. XIX, 7, 8.)

*
* *

Principe fondamental auquel se réfèrent les manifestations les plus extraordinaires du surnaturel.

Une réflexion préalable d'une haute importance nous sera de grand secours. Elle nous empêchera de nous troubler au récit de certaines merveilles extraordinaires qui, au premier abord, semblent devoir déconcerter notre raison, mais qui apparaissent bientôt dans la lumière de la foi en parfaite harmonie avec les faits surnaturels racontés par l'Évangile.

Nous empruntons cette très sage observation au P. Joseph de Galliffet, de la Compagnie de Jésus.[1]

1. Dans son livre intitulé *l'Excellence de la dévotion au Cœur adorable de Jésus-Christ*. C'est un des plus beaux monuments de la science et de la piété théologique en l'honneur d'une dévotion que, vingt ans plus tard, en 1765, l'autorité suprême du Pontife romain (le pape Clément XIII), devait solennellement approuver et autoriser. Cet ouvrage publié d'abord en latin parut à Rome en 1726. La première édition française est de 1733. L'édition définitive vit le jour en 1745, à Nancy, et fut dédiée par l'auteur à la reine de Pologne, femme du duc de Lorraine Stanislas Leczinski, et mère de la reine de France.

« Dans ce que les saints ont écrit des » faveurs divines, dit le savant jésuite, il n'y a » rien qui doive paraître incroyable à un chré- » tien qui a considéré avec un peu d'attention » ce que peut l'amour de Jésus-Christ envers » les hommes et ce qu'il a déjà fait pour eux. »

» Pour moi, ajoute-t-il, j'avoue que quand je » me mets à méditer les bienfaits de cet aima- » ble Sauveur, et en particulier le mystère de » l'Eucharistie, j'avoue que tout ce que je lis » et tout ce que j'entends des grâces reçues » par les âmes saintes, quelque extraordi- » naires qu'elles soient, cesse de me paraître » incroyable ; et je suis persuadé que tout » homme qui réfléchira tant soit peu sur ce » même mystère, pensera comme moi. Je prie » donc ceux qui ont tant de peine à croire ce » que les saints ont écrit des grâces célestes » de jeter un coup d'œil sur le saint Sacre- » ment de l'autel, et de nous dire ce qui leur » paraît plus incroyable et plus éloigné de la » raison humaine ou que Jésus-Christ donne » son cœur à une sainte Gertrude, à une » sainte Catherine de Sienne, ses épouses » douées d'une pureté angélique, ou bien que » ce même Jésus donne son corps tout entier » à manger à un homme ordinaire, à un pé- » cheur. — Je le répète : quiconque méditera

» ce prodige d'amour, n'apportera jamais pour
» raison de ne pas croire certaines grâces
» extraordinaires la difficulté qu'il sent d'y
» assujettir son esprit, puisque les excès de
» l'amour divin que la foi nous enseigne, sur-
» passent les grâces et, pour ainsi dire, les
» excès particuliers que les saints racontent et
» les rendent par conséquent très croyables. »[1]

Une contemporaine de la bienheureuse Marguerite-Marie qui eut le privilège d'être louée après sa mort par la grande voix de Bossuet, avait déjà mis en relief l'argument fondamental qui aide si puissamment l'âme chrétienne à s'incliner avec docilité devant les prodiges du surnaturel. Anne de Gonzague, princesse palatine morte en 1684, avait eu le malheur de perdre la foi, et la grâce inappréciable de la recouvrer. Elle a exposé elle-même de quelle façon son incrédulité fut vaincue.

» Il est bien croyable, disait-elle, qu'un Dieu
» qui aime infiniment, en donne des preuves
» proportionnées à l'infinité de son amour et
» à l'infinité de sa puissance ; et ce qui est
» propre à la toute-puissance d'un Dieu, passe
» de bien loin la capacité de notre faible rai-
» son. »

1. Éd. de Nancy, in-4°, 1745, p. 36-38.

Elle ajoutait : « C'est ce que je me dis à moi-
» même, quand les démons tâchent d'éton-
» ner ma foi ; et depuis qu'il a plu à Dieu de
» me mettre dans le cœur que son amour est
» la cause de ce que nous croyons, cette
» réponse me persuade plus que tous les
» livres. »

Le commentaire ajouté par Bossuet à ces paroles d'une convertie fortifie encore le substantiel et décisif raisonnement dans lequel se trouve « l'abrégé de tous les saints Livres
» et de toute la doctrine chrétienne. Sortez,
» Parole éternelle, Fils unique du Dieu vivant,
» sortez du bienheureux sein de votre Père,
» et venez annoncer aux hommes le secret
» que vous y voyez. Il l'a fait, et durant trois
» ans, il n'a cessé de nous dire les secrets des
» conseils de Dieu. Mais tout ce qu'il en a
» dit est renfermé dans ce seul mot de son
» Évangile : *Dieu a tant aimé le monde qu'il*
» *lui a donné son Fils unique.* Ne demandez
» plus ce qui a uni en Jésus-Christ le ciel et
» la terre et la croix avec les grandeurs.
» *Dieu a tant aimé le monde!* Est-il incroya-
» ble que Dieu aime et que la bonté se com-
» munique?..... Disons donc pour toute rai-
» son dans tous les mystères : *Dieu a tant*
» *aimé le monde.....* C'est là toute la foi des

» chrétiens et l'abrégé de tout le symbole.
» Pourquoi veut-on que les prodiges coûtent
» tant à Dieu?..... Croyons donc en l'amour
» d'un Dieu, — la foi nous paraîtra douce en
» la prenant par un endroit si tendre. » [1]

Dans ses méditations sur l'Évangile, Bossuet est encore revenu sur ce même argument.

1. *Oraison funèbre d'Anne de Gonzague, princesse palatine.* Vingt ans avant de prononcer cette oraison funèbre, Bossuet prêchant le panégyrique de saint Pierre Nolasque dans l'église des Pères de la Merci, à Paris (1665), avait déjà présenté ce même argument dans lequel son génie aimait à montrer l'abrégé de tout le symbole : — « Pour établir dans les cœurs la
» croyance d'un si grand mystère (le don de Dieu aux
» hommes dans l'Incarnation), l'Écriture sainte ne
» cesse de publier la bonté de Dieu et son amour pour
» les hommes. C'est ce qui a obligé l'apôtre S. Jean à
» confesser en ces termes la foi de la Rédemption.
» *Pour nous,* dit-il, *nous croyons à la charité que Dieu*
» *a eue pour les hommes.* »

« Voilà une belle profession de foi et conçue d'une
» façon bien singulière; mais absolument nécessaire
» pour combattre et déraciner l'incrédulité?........ Car
» c'est de même que s'il disait : connaissant, comme
» nous faisons, les bontés de Dieu, ses miséricordes et
» ses entrailles paternelles, nous croyons facilement cet
» amour immense qu'il a témoigné aux hommes en se
» livrant pour eux : Et nos cognovimus et credidimus
» charitati quam Deus habet in nobis » (Iª Epist. B. Joannis ap. IV, 16.)

Il s'en est particulièrement servi pour venger contre les objections de l'incrédulité et de l'hérésie le don ineffable que Notre-Seigneur a fait de lui-même aux hommes dans la très sainte Eucharistie.

Après avoir exposé l'institution de ce divin Sacrement il demande « comment tout cela » s'est pu faire » et il répond : *Dieu a tant* » *aimé le monde !* L'amour peut tout ; l'amour » fait, pour ainsi dire, l'impossible pour se » contenter et pour contenter son cher objet. » Dieu a fait aussi pour nous l'impossible ; je » dis *pour nous*, car pour lui il n'y en a point : » tout lui est possible. (Encore une fois) com- » ment tout cela s'est-il fait ? *Dieu a tant aimé* » *le monde !* Il ne nous reste qu'à croire et » à dire avec le disciple bien-aimé : Nous » avons cru à l'amour que Dieu a eu pour » nous. La belle profession de foi ! Le beau » symbole ! Que croyez-vous, chrétien ? Je » crois l'amour que Dieu a pour moi. Je crois » qu'il m'a donné son Fils ; je crois qu'il s'est » fait ma victime ; je crois qu'il s'est fait ma » nourriture, et qu'il m'a donné son corps à » manger, — son sang à boire, — aussi subs- » tantiellement qu'il a pris et immolé l'un et » l'autre. Mais comment le croyez-vous ? C'est » que je crois à son amour qui peut pour moi

» l'impossible, qui le veut, qui le fait. Lui » demander un autre comment, c'est ne pas » croire à son amour et à sa puissance. »[1]

Nous pouvons maintenant aborder le récit des grâces et manifestations extraordinaires dont la Sœur Marguerite-Marie fut favorisée par Celui qui l'avait élue, prédestinée, mise à part pour redire aux hommes un écho de cette parole éternelle dans laquelle se trouve renfermée toute la substance de la révélation chrétienne : « Dieu est amour ! Dieu a tant » aimé le monde ! »

*
* *

Révélations faites par Notre-Seigneur à Marguerite-Marie au sujet de son divin Cœur.

Autant que l'absence d'indications chronologiques précises[2] permet de l'affirmer, les trois révélations principales faites par Notre-

1. *Méditations sur l'Évangile*, la Cène, 24e jour.

2. En effet, dans le mémoire autobiographique de la Bienheureuse qui est la source principale à consulter sur ces révélations, les dates d'années ne sont nulle

Seigneur à la Bienheureuse au sujet de son Cœur, eurent lieu dans les trois années consécutives 1673, 1674 et 1675.

La première doit être placée sûrement au 27 décembre 1673, jour de saint Jean l'Évangéliste. Marguerite-Marie avait alors vingt-six ans et il y avait quatorze mois qu'elle avait fait ses vœux. Voici en quels termes elle a rapporté la grâce dont elle fut favorisée :

« Une fois, étant devant le saint Sacrement, » je me trouvai tout investie de la divine pré-

part indiquées. Écrivant ses souvenirs par pure obéissance au P. Rolin, son confesseur, et uniquement pour faire connaître ses voies intérieures, Marguerite-Marie n'a pas eu la préoccupation de la chronologie. Elle emploie d'ordinaire à cet égard des formules très vagues : « Un jour, — une fois ». Dans quelques endroits, il est vrai, elle est un peu plus précise, sans toutefois l'être suffisamment encore. Elle indiquera une fête ou une cérémonie liturgique, mais sans dire l'année ni le mois. Le mémoire des contemporaines, rédigé en 1715, lors de la première enquête canonique, n'est guère plus explicite à cet égard. C'est avec les lettres de la Bienheureuse, dont un certain nombre sont datées, et en confrontant les indications relatives aux fêtes de l'année avec les tables chronologiques que l'on arrive à fixer à peu près la date des événements les plus considérables de la vie religieuse de Marguerite-Marie. Voilà ce qui explique comment, dans le livre de Mgr Languet, les faits ne sont pas toujours présentés dans l'ordre où ils se sont accomplis.

» sence de mon souverain Maître, mais si for-
» tement que je m'oubliai de moi-même et du
» lieu où j'étais et je m'abandonnai à ce divin
» Esprit, livrant mon cœur à la force de son
» amour. Il me fit reposer fort longtemps sur
» sa divine poitrine où il me découvrit les
» merveilles de son amour et les secrets inex-
» plicables de son Sacré Cœur qu'il m'avait
» toujours tenus cachés jusqu'alors et *qu'il*
» *m'ouvrit pour la première fois*, mais d'une
» manière si effective et si sensible qu'il ne
» me laissa aucun lieu d'en douter pour les
» effets que cette grâce produisit en moi qui
» crains pourtant toujours de me tromper en
» tout ce que je dis se passer en moi. Et
» voici comme il me semble la chose s'est
» passée : Il me dit : Mon divin Cœur est si
» passionné d'amour pour les hommes et pour
» toi en particulier, que ne pouvant plus con-
» tenir en lui-même les flammes de son ardente
» charité, il faut qu'il les répande par ton
» moyen et qu'il se manifeste à eux pour les
» enrichir de ses précieux trésors que je te
» découvre et qui contiennent les grâces sanc-
» tifiantes et salutaires nécessaires pour les
» retirer de l'abime de perdition, et je t'ai
» choisie comme un abîme d'indignité et
» d'ignorance pour l'accomplissement de ce

» grand dessein, afin que tout cela soit fait » par moi. »[1]

Il se fit ensuite entre le divin Révélateur et celle qu'il appelait à être sa confidente et sa coopératrice un échange mystérieux.

Jésus prit le cœur de sa pauvre servante et, » le mettant dans le sien, il le lui fit voir, sem» blable à un petit atome plongé dans une » fournaise ardente, d'où il sortit embrasé » comme le charbon de feu dont le séraphin » s'était servi pour purifier les lèvres du pro» phète Isaïe[2]. » A partir de ce moment, et jusqu'à la fin de sa vie, la Sœur ne cessa pas de sentir au côté gauche une douleur analogue à celle d'une plaie enfiévrée. Le premier vendredi de chaque mois, la souffrance devenait plus intense, et comme elle le dit elle-même, la « faisait brûler toute vive. »

Si extraordinaire que puisse paraître cet échange des cœurs entre le Créateur et une chétive créature[3], c'est bien le cas de nous rappeler la très judicieuse réflexion du P. Joseph de Galliffet.

1. *Sa Vie par elle-même*, I, 379.

2. Is. VI.

3. Le même fait miraculeux est mentionné dans les vies de sainte Catherine de Ricci, de sainte Lutgarde,

En soi, il n'y a rien là qui dépasse l'intensité surnaturelle du don fait par le Sauveur à ceux qui le reçoivent dans la sainte Eucharistie. Dans le discours de la Cène, après que ses apôtres venaient de communier pour la première fois, il leur dit ces étonnantes paroles : « En ce jour, vous connaîtrez que vous êtes » en moi et que je suis en vous. » [1]

Que signifie cette divine promesse dont l'accomplissement se renouvelle toutes les fois que le plus humble fidèle participe à l'auguste sacrement? sinon que le premier et le dernier mot de la sublime religion apportée au monde par Jésus-Christ est d'établir entre Dieu et l'homme une société si intime que l'homme aille jusqu'à se dépouiller de son pauvre et chétif cœur pour le donner à Dieu, lequel, en retour, lui donne le sien, avec tous les trésors de sagesse, de sainteté, de force dont il est rempli?

Au fond, que voulait dire saint Paul quand il s'écriait : « Ce n'est plus moi qui vis, c'est Jésus-Christ qui vit en moi? » Si c'est au cœur

de sainte Catherine de Sienne. (Ribet, *la Mystique divine*, t. II, p. 571.)

1. In illo die vos cognoscetis quia..... vos in me et ego in vobis. (Joann. xiv, 20.)

que commence et que se termine le phénomène de la vie, suivant l'axiome des anciens philosophes[1], l'acte de charité en vertu duquel la vie divine devient notre vie n'est-il pas admirablement exprimé par cet ineffable échange des cœurs, dont on pourrait trouver déjà l'annonce figurative dans l'Ancien Testament?

« Mon fils, donnez-moi votre cœur, » telle est l'invitation adressée par la Sagesse éternelle à la pauvre créature humaine[2]? C'est ce qui a été pleinement réalisé, quand le Verbe de Dieu, revêtant notre nature, a véritablement pris en lui le cœur de l'homme, se réservant de le dédommager de cette avance le jour où Lui-même, par l'institution du mystère eucharistique, nous donnerait son cœur, avec toutes les richesses réunies de sa divinité et de son humanité.[3]

Ne peut-on pas ajouter que, déléguée par une expresse volonté du Sauveur à une mission qui devait être si contredite et se heurter à tant de difficultés, Marguerite-Marie avait besoin que son cœur eût été trempé dans le

1. Cor primum vivens et ultimum moriens.
2. Præbe, fili mi, cor tuum mihi. (Prov. XXIII, 26.)
3. Domine, quid est homo, quia apponis erga eum cor tuum? (Job. VII, 17.)

Cœur même de Jésus-Christ, comme le fer est plongé dans la fournaise ardente pour devenir l'acier que rien ne peut rompre et qui sort vainqueur de tous les assauts ?

L'année suivante, 1674, probablement au mois de juin, pendant l'octave de la fête du saint Sacrement, le mandat intimé pour la première fois le 27 décembre 1673 fut renouvelé. Cette seconde révélation ajoutait à la première des prescriptions positives. Ce fut alors en effet que le Sauveur demanda à Marguerite-Marie de communier tous les premiers vendredis du mois pour lui faire amende honorable et de prier pendant une heure, chaque semaine, dans la nuit du jeudi au vendredi, entre onze heures et minuit, la face prosternée contre terre, afin d'expier les péchés des hommes et de consoler son Cœur de l'abandon où il avait été laissé au Jardin des Oliviers. [1]

Enfin, en 1675, avait lieu une révélation encore plus explicite que les précédentes.

C'était pendant l'octave de la fête du saint Sacrement. Marguerite-Marie était agenouillée

1. *Sa Vie par elle-même*, II, 382.

à la chapelle, derrière la grille des religieuses [1]. Elle avait les yeux fixés sur le tabernacle. Tout à coup, Notre-Seigneur lui apparut et, lui découvrant son Cœur, lui adressa ces paroles mémorables, tant et tant de fois depuis répétées et commentées : « Voilà, lui » dit le Sauveur, ce Cœur qui a tant aimé les » hommes, qu'il n'a rien épargné jusqu'à » s'épuiser et se consumer pour leur témoi» gner son amour; et, en reconnaissance, » je ne reçois de la plupart que des ingra» titudes par leurs irrévérences et sacri» lèges et par les froideurs et mépris qu'ils » ont pour moi dans ce Sacrement d'amour. » Mais ce qui m'est encore le plus sen» sible, est que ce sont des cœurs qui me

1. Malgré les restaurations qu'elle a subies, cette chapelle est aujourd'hui dans ses parties principales ce qu'elle était il y a deux siècles. C'est bien là que se sont accomplies les principales manifestations du Sauveur à sa fidèle servante et, en particulier, celle du mois de juin 1675. Il importe que les pèlerins ne l'oublient pas. Si, d'ordinaire, les portes du monastère sont fermées pour eux et si la loi de la clôture leur interdit de pénétrer dans les jardins, ils ont chaque jour, du matin au soir, la liberté d'aller prier dans le sanctuaire à jamais consacré par la plus complète et la plus décisive des révélations de Notre-Seigneur à la Bienheureuse.

» sont consacrés qui en usent ainsi. C'est
» pour cela que je te demande que le premier
» vendredi d'après l'octave du saint Sacre-
» ment soit dédié à une fête particulière pour
» honorer mon Cœur en communiant ce jour-
» là et en lui faisant réparation d'honneur par
» une amende honorable pour réparer les
» indignités qu'il a reçues pendant le temps
» qu'il a été exposé sur les autels. Je te pro-
» mets aussi que mon Cœur se dilatera pour
» répandre avec abondance les influences de
» son divin amour sur ceux qui lui rendront
» cet honneur et procureront qu'il lui soit
» rendu. »[1]

Docile aux ordres qui lui étaient notifiés, Marguerite-Marie n'avait jamais manqué de rapporter à ses supérieures le détail des voies extraordinaires dans lesquelles elle était engagée et des communications qui lui étaient faites. Ces ouvertures, commandées par l'obéissance et conformes à la simplicité dont saint François de Sales et sainte Chantal ont laissé l'héritage à la Visitation, mettaient les supérieures dans une situation fort embarrassante. D'une part, elles ne pouvaient

1. *Sa Vie par elle-même*, II, 414.

douter de la véracité d'une fille qui pratiquait avec une si rare perfection l'obéissance, l'humilité, la défiance de ses propres lumières, le plus sincère mépris d'elle-même. D'autre part, comment concilier ces voies extraordinaires avec l'esprit général de l'Institut dont elles avaient charge de maintenir les traditions, surtout quand des gens « de doctrine » consultés par elles au sujet des révélations de la Sœur n'y voyaient guères que les fantaisies de son imagination, et peut-être des illusions du mauvais esprit ?

*
* *

Épreuves et contradictions ; assistance providentielle envoyée à Marguerite-Marie dans la personne du P. de la Colombière.

Les hésitations des supérieures et les jugements défavorables portés par des théologiens instruits au sujet de ses révélations furent longtemps pour Marguerite-Marie la cause des plus grandes peines de conscience et des plus douloureuses anxiétés. Humble comme elle l'était, elle ne demandait pas mieux que de croire, et même de dire qu'elle avait été trompée. Mais outre la voix de sa conscience à laquelle il lui était impossible d'imposer silence, elle entendait encore à certains moments retentir au-dedans d'elle-même, avec une inexprimable autorité et clarté, la parole souverainement pénétrante de Celui qui la favorisait de sa présence presque continuelle. Ce conflit la réduisait à une véritable agonie dans laquelle ni sa patience ni sa douceur ne se démentirent jamais.

Un jour enfin, le Sauveur daigna lui faire savoir qu'il lui enverrait « un sien serviteur » auquel il voulait qu'elle manifestât, selon « l'intelligence qu'il lui en donnerait, tous les » trésors et secrets de son sacré Cœur qu'il » lui avait confiés : parce qu'il l'envoyait pour » la rassurer dans sa voie. »[1]

Ce « sien serviteur » était le P. de la Colombière, qui venait d'être appelé à Paray-le-Monial pour y être supérieur de la Résidence des Pères Jésuites.

Avec l'autorisation de la Mère de Saumaise, la Sœur Marguerite-Marie fit connaître à ce saint religieux tout ce qui s'était passé en elle. Il la rassura en lui affirmant « qu'il n'y

1. *Sa Vie par elle-même*, II, 402.

» avait rien à craindre pour elle en la con-
» duite de cet Esprit, d'autant qu'il ne la
» retirait point de l'obéissance ; qu'elle devait
» suivre ses mouvements en lui abandonnant
» tout son être pour se sacrifier et immoler
» selon son bon plaisir. »

Il lui apprit encore à « estimer les dons de
» Dieu et à recevoir avec respect et humilité
» les fréquentes communications et entretiens
» dont le Sauveur la gratifiait, ajoutant qu'elle
» devait être dans de continuelles actions de
» grâces envers une si grande bonté. »

La lumière commençait à se faire. Le crédit dont jouissait à juste titre le P. de la Colombière, plus encore par son éminente vertu que par sa science théologique, allait dissiper les doutes, les malentendus, les préventions. Il ne put taire ce qu'il pensait d'une âme en laquelle il avait admiré une ressemblance si frappante avec l'incomparable beauté du Verbe fait chair. Dieu permit qu'il se trouvât à Paray pendant l'été de 1675 et précisément à l'époque où avait lieu la révélation du mois de juin. Par l'ordre exprès de Notre-Seigneur, la Sœur Marguerite-Marie en écrivit le récit et le soumit au P. de la Colombière, qui, après l'avoir sérieusement étudié devant Dieu, lui déclara « que cette révélation venait du

» ciel et qu'elle pouvait s'y confier. » Lui-même voulut être un des premiers disciples de la dévotion directement instituée par le Sauveur, et le vendredi 21 juin 1675, le lendemain même de l'octave du saint Sacrement, il consacrait sa personne et son ministère au Cœur du divin Rédempteur, tant pour le remercier de l'inépuisable effusion de sa charité envers les hommes que pour réparer les outrages et les ingratitudes dont un trop grand nombre d'entre ceux-ci paient ses bienfaits. Quelque temps après, le P. de la Colombière était envoyé en Angleterre où il faillit payer de sa vie l'honneur d'avoir prêché la foi catholique parmi les hérétiques. Il s'y montra un des plus ardents zélateurs de la dévotion dont il expérimentait chaque jour les précieux avantages. Un peu plus tard, en 1677, ce Père accomplissait à Londres les exercices de la grande retraite de trente jours prescrite par saint Ignace aux sujets de son institut. Il en consignait les impressions dans un journal tout intime qu'il faut ranger parmi les meilleurs livres de spiritualité d'un siècle si fécond en œuvres ascétiques de premier mérite. Il n'eut garde d'oublier la révélation extraordinaire dont il avait été le confident et le juge, et dans des pages qui ne devaient voir le jour qu'après sa mort, il fit connaître sa pensée sur la Visitandine de Paray, mise sur son chemin pour l'initier un des premiers à la connaissance des richesses renfermées dans le Cœur adorable de Jésus-Christ. Il appelait sans hésiter la Sœur Marguerite-Marie « une sainte » religieuse, à qui Dieu s'était communiqué » fort confidemment et que l'on avait sujet de » croire être selon son cœur par les grandes » grâces qu'il lui avait faites. »[1]

1. *Retr. spir.* 175. Dans une lettre écrite de Londres, dans le courant de l'année 1678, à la Mère de Saumaise, supérieure de la Visitation, le P. de la Colombière disait encore : « Je me sens incapable de dire quelque » chose à notre sainte Sœur Alacoque..... je la trouve » si savante et si éclairée, et d'ailleurs, je suis per» suadé que Dieu se communique à elle d'une manière » toute particulière. »

Ce serait peut-être le lieu de rappeler ici que d'après le témoignage des contemporaines, la sœur Alacoque n'était pas moins remarquée pour ses qualités naturelles que pour ses admirables vertus. Au rapport de la Mère Greyfié, « elle était naturellement judicieuse et » sage, avait l'esprit bon, le naturel doux, l'humeur » agréable, le cœur charitable au possible ; en un mot, » l'on peut dire que c'était un sujet des mieux condi» tionnés pour bien réussir à tout, si le Seigneur ne » l'eût exaucée dans sa demande d'être inconnue et » cachée dans l'abjection et la souffrance. »

(*Contemporaines*, I, p. 58.)

Le P. de la Colombière avait pu rassurer Marguerite-Marie sur le caractère des révélations qui lui avaient été faites et sur la mission dont le Fils de Dieu l'avait investie. Cette sécurité de conscience devait être pour elle d'un grand secours, mais elle ne supprimait pas les obstacles et les contradictions du dehors. Dans son entourage même le plus immédiat, la dévotion au Cœur de Notre-Seigneur paraissait n'être qu'une conception purement imaginaire, engageant dans des voies périlleuses une communauté essentiellement attachée à l'esprit de tradition et opposée d'instinct à toute nouveauté.

Prier sans cesse, s'humilier, offrir pour le triomphe d'une cause si chère les affronts qu'elle lui attirait ; ne vouloir et ne faire que du bien aux personnes mêmes qui, à cause de cela, lui témoignaient le plus de défiance et d'aversion : telle fut la ligne de conduite dont Marguerite-Marie ne dévia pas un seul instant. C'était se conformer à l'idéal dont sa contemplation intérieure ne cessait de se nourrir et imiter parfaitement dans ses sentiments et dans ses dispositions le Cœur très doux et très humble : *Hoc sentite in vobis quod in Christo Jesu.*

Enfin, après l'heure des hommes, de leurs

critiques, de leurs oppositions inconscientes ou voulues, vint l'heure de Dieu. Le 20 juillet 1685, pour reconnaître tout le dévouement dont elles étaient l'objet de la part de leur charitable maîtresse et aussi pour rendre hommage à des vertus qui étaient le plus sûr garant de la vérité de ses révélations, les novices de la Visitation inaugurèrent le premier culte public rendu dans leur monastère au Cœur sacré du Dieu fait homme. L'année suivante, 1686, une des religieuses qui, par attachement de conscience aux usages de l'institut, s'était jusqu'alors rangée parmi les adversaires les plus déclarées de ce culte, se trouva gagnée elle aussi par une sorte de grâce irrésistible qui, opérant en elle un complet retournement de l'esprit et de la volonté, lui inspira une généreuse initiative. Elle dressa au milieu du chœur des religieuses un petit autel recouvert d'un tapis, garni de cierges allumés et de fleurs; elle y plaça une image du Cœur de Jésus, avec un billet écrit de sa main et signé de son nom. Marie-Madeleine des Escures invitait toutes les Sœurs à venir faire leur consécration au divin Cœur. L'impulsion était donnée; aucune ne résista; c'était précisément le vendredi après l'octave du saint Sacrement, c'est-à-dire le jour même que Notre-Seigneur lui-même avait fixé onze ans auparavant, dans la révélation du mois de juin 1675. Marguerite-Marie pouvait désormais chanter en action de grâces ces versets du psaume 125e : « Le » Seigneur a fait cesser la captivité de Sion » et nous avons été consolés. Nos cœurs ont » été remplis de joie et nos lèvres ont tres» sailli d'allégresse ! Le Seigneur nous a » traités avec magnificence ! Ceux qui ont » semé dans les larmes, moissonneront dans » la joie. Ils allaient péniblement et ils pleu» raient en jetant leurs semences, mais ils » reviendront d'un pas alerte en portant les » gerbes de la moisson. »[1]

Cette joie d'ailleurs n'altérait en rien ni l'humilité de la Sœur, ni son continuel désir de souffrance et d'anéantissement. Devant ce triomphe humainement inespéré, elle se comparait à la boue mise par Notre-Seigneur sur les yeux de l'aveugle-né, « laquelle semblait » être un moyen contraire au dessein qu'il » avait de lui rendre la vue[2], » et jamais, pour exprimer son incessant besoin d'avoir part à

1. Ps. 125.

2. Lettre du 10 août 1689 au P. Croiset, de la Compagnie de Jésus.

la croix de son Maître, elle ne trouva de paroles plus convaincues, plus vibrantes, que dans les quatre dernières années de sa vie et lorsque déjà le culte du divin Cœur, franchissant les murailles du monastère de Paray, commençait à se répandre en France.[1]

1. C'est peut-être ici le lieu de rappeler de quelle façon la Providence qui dispose tout « avec nombre, poids et mesure » avait préparé le monde chrétien à recevoir la grande dévotion dont l'apostolat fut dévolu à la Visitandine de Paray. L'année même où l'enfant prédestinée à de si grandes choses avait vu le jour à Verosvres, une mission était prêchée à la cathédrale d'Autun par le P. Eudes, ancien membre de la congrégation de l'Oratoire et fondateur de la congrégation de Jésus et de Marie. Au cours de cette mission, commencée à l'Avent de 1647 et terminée avec le carême de 1648, le P. Eudes fit approuver par Mgr Claude de la Magdeleine de Ragny, évêque d'Autun, une fête en l'honneur du Cœur de Marie, avec un office liturgique qui contient de nombreuses et très directes invocations au Cœur sacré de Jésus. Nous ne citerons en exemple que la doxologie des hymnes :

Fili Dei, splendor Patris,
Per cor sacrum tuæ Matris
In corde nostro Cor tuum
Vivat, regnet in sæculum.

(O Fils de Dieu, splendeur du Père, par le cœur sacré de votre Mère, faites que votre Cœur règne et vive à jamais dans nos cœurs.) Cette fête fut célébrée pour la première fois à la cathédrale et dans le diocèse d'Autun

*
* *

Dernières années et mort de Marguerite-Marie.

Avertie de sa mort prochaine par des pressentiments dans lesquels il est permis de voir le couronnement surnaturel de toutes

le 8 février 1648. Qui sait si la petite Marguerite Alacoque, alors âgée de six mois et demi, portée à l'église de Verosvres sur les bras de sa pieuse mère, n'entendit pas retentir, sans la comprendre, l'invocation qui renfermait pour ainsi dire le secret prophétique de sa destinée ? Quelques années plus tard, en 1670, c'est-à-dire une année avant l'entrée de Marguerite à la Visitation de Paray, le même P. Eudes composa et fit approuver par Mgr de la Vieuxville, évêque de Rennes, un office en l'honneur du sacré Cœur de Jésus. Dès le mois de juillet suivant, l'évêque de Coutances, Mgr Charles-François de Loménie de Brienne, adoptait ce même office pour son diocèse. On lit dans son Mandement ces paroles remarquables : « Le Cœur adorable de notre » Rédempteur étant le premier objet de la dilection et » complaisance du Père des miséricordes, et étant réci» proquement tout ombragé du saint amour vers ce » Dieu de consolation comme aussi étant tout enflammé » de charité vers nous, tout brûlant du zèle de notre » salut, tout plein de miséricordes vers les pécheurs, » tout rempli de compassion vers les misérables et le » principe de toutes les gloires et félicités du ciel et de » toutes les grâces et bénédictions de la terre et une les grâces extraordinaires dont elle avait été l'objet, Marguerite-Marie entra dans une paix profonde. prélude de l'éternel repos des saints.

« J'avais eu jusqu'ici, disait-elle dans sa » dernière lettre, trois désirs ardents qui me » faisaient souffrir un continuel martyre, sans » me donner un seul moment de repos. Ces

» source inépuisable de toutes sortes de faveurs pour » ceux qui l'honorent, tous les chrétiens doivent s'ef- » forcer de lui rendre toutes les vénérations et adora- » tions possibles. » Ces dates, dont l'autorité est indiscutable, prouvent que le P. Eudes avait été suscité de Dieu pour préparer la mission qu'une révélation miraculeuse devait confier plus tard au plus infime de tous les instruments, c'est-à-dire à une pauvre religieuse qui ne pouvait ni prêcher les peuples, ni être mise en relations avec les premiers pasteurs. Après avoir revendiqué pour leur père et fondateur la gloire assurément très enviable d'avoir été un précurseur et un « ambassadeur [1] » du culte du Cœur de Jésus, les disciples du P. Eudes ont mis le plus pieux empressement à reconnaître qu'il fallait rapporter à Marguerite-Marie « l'ex- » tension de ce culte à l'univers entier et l'établissement » de la fête célébrée actuellement par l'autorité du » Saint-Siège dans toute l'Église catholique », suivant les paroles de S. S. le Pape Pie IX, dans le décret de Béatification *ad tam salutarem ac debitum pietatis cultum instituendum, lateque inter homines propagandum*

1. Expression du cardinal Pitra, dans sa *Vie du P. Libermann*, l. III, ch. II, p. 228.

» trois désirs étaient d'aimer parfaitement » mon Dieu, de souffrir beaucoup pour son » amour, et de mourir dans cet ardent » amour. Mais à présent je me trouve dans » je ne sais quelle tranquillité de cœur et » dans une cessation de désirs qui m'étonne. »[1]

Ce que sa profonde humilité l'empêchait de dire au moment où elle sentait qu'elle n'avait plus rien à faire sur la terre parce que sa mission était accomplie, il nous sera bien permis de l'exprimer en mettant sur ses lèvres les paroles prononcées par le Sauveur dans sa sublime prière d'action de grâces au Cénacle : « Mon Dieu, je vous ai glorifié » sur la terre. J'ai achevé l'œuvre que vous » m'aviez confiée..... Maintenant les hommes » ont reconnu que tout ce qui était en moi » venait de vous, car je leur ai transmis

eligere Servator noster dignatus est venerabilem famulam suam Margaritam Mariam Alacoque. (Voir le livre intitulé : *le Vénérable Jean Eudes. — Étude historique,* — par le R. P. Ange le Doré, supérieur général de la Congrégation de Jésus et de Marie, pages 37, 130 et 185, et la *Vie du P. Eudes*, par le P. Julien Martine, publiée par M. l'abbé Le Cointe, t. II, p. 103, 270, 285, 293, 404, 500. — Caen, Le Blanc-Hardel, 1880.)

1. II, p. 335.

» fidèlement les paroles que vous m'aviez » commandé de leur dire et ils les ont re- » çues. »[1]

Les âmes saintes ne se trouvent jamais assez préparées à cette solennelle et redoutable confrontation avec Dieu que nous appelons « la mort ». Malgré la ferveur de leur vie, la sincérité de leur humilité, la rigueur de leur pénitence, l'ardeur de leurs constantes aspirations vers la possession du Bien suprême, elles sentent le besoin de se purifier toujours davantage.

C'est d'ailleurs le très sérieux avertissement que donne à ses plus fidèles serviteurs l'Agneau toujours immolé et toujours vivant, au moment même où il s'apprête à venir et à couronner dans leurs mérites ses propres dons.[2]

Après dix-neuf années de vie religieuse passées dans la plus exacte clôture, un recueillement ininterrompu, l'exercice continuel de l'oraison, Marguerite-Marie voulut se préparer à sa mort prochaine et pressentie par

1. S. Jean, XVII, 4, 8.

2. Qui justus est justificetur adhuc, et qui sanctus est sanctificetur adhuc. (Apoc. XXII, 11.)

une retraite spéciale de quarante jours, qu'elle fit en juillet et août 1690.

Puis, à l'entrée de l'automne, elle prit ses dispositions pour s'appliquer encore aux exercices de solitude prescrits par la règle. C'était le 15 octobre. Prise d'un accès de fièvre et interrogée par une Sœur qui lui demandait si elle pourrait entrer le lendemain en retraite, elle répondit : « Oui, mais ce sera » dans la grande. »

Plusieurs fois déjà, depuis son entrée au couvent, elle avait été tellement accablée par la maladie qu'on avait cru à sa mort prochaine. En cette suprême circonstance, à l'encontre des appréciations rassurantes du médecin, elle affirma de la manière la plus positive qu'il n'y avait pas de guérison à espérer et qu'elle mourrait. Le 16, elle obtint la grâce de communier, mais non en viatique, parce que personne ne la trouvait assez dangereusement malade. A la suite de cette cérémonie, et pendant tout le reste du jour, son visage refléta une joie extraordinaire. Ses lèvres ne s'ouvraient que pour exprimer des paroles d'ardente charité et les élans d'une âme qui touche presque aux parvis de la Jérusalem céleste.

La sécurité de la communauté à son endroit

persista pendant toute la journée du 17, laquelle devait être la dernière. En effet, vers les sept heures du soir, une crise se déclara. La supérieure voulut envoyer chercher le médecin. « Ma Mère, lui dit la mourante, je » n'ai plus besoin que de Dieu seul et de » m'abîmer dans le Cœur de Jésus-Christ. »

Cependant, sur sa demande, on s'empressa de lui administrer le sacrement des malades. Au moment où le prêtre appliquait la quatrième onction à la mourante soutenue par deux Sœurs, ses anciennes novices, auxquelles elle avait prédit qu'elle mourrait entre leurs bras [1], après avoir prononcé le saint nom de Jésus, notre Marguerite charollaise quittait le Val d'or [2] et ses riantes prairies pour être à jamais transférée dans la demeure de Celui qu'elle avait si uniquement aimé.

« Viens dans mon jardin, ma sœur, mon » épouse ! J'ai moissonné la myrrhe et l'ai » mêlée avec mes parfums. Et vous, amis,

1. C'étaient la sœur Péronne-Rosalie Verchère et la sœur de Farges.

2. C'est le nom que nos vieilles chroniques donnent aux beaux paysages qui vont de Paray-le-Monial au Brionnais et jusqu'aux montagnes de Dun et de Montmelard.

» mangez et buvez, et livrez-vous à une sainte » ivresse[1]. » Cette annonce prophétique de l'Époux avait reçu son accomplissement.

Le 17 octobre de chaque année, dans la chapelle de la Visitation, les fidèles sont témoins d'un touchant spectacle. Entre sept et huit heures du soir, c'est-à-dire au moment même où la vierge qui avait si fidèlement obéi à son Maître entrait pour jamais dans le repos éternel, la châsse qui renferme les ossements de la Bienheureuse quitte le voisinage de la balustrade du chœur, où depuis plusieurs mois elle a été exposée à la vénération des pèlerins. On la soulève et on va la placer dans le maître-autel, précisément au-dessous de ce tabernacle eucharistique d'où se firent entendre plusieurs fois à son âme ravie les paroles qui lui révélaient, avec sa mission, les plus ineffables mystères de l'amour divin.

Très saisissante dans sa simplicité et toujours suivie du chant du *Te Deum,* auquel s'associent les sonneries joyeuses des cloches de toutes les églises et chapelles de la cité

1. Veni in hortum meum, soror mea sponsa. Messui myrrham meam cum aromatibus meis..... Comedite, amici, et bibite ; et inebriamini, carissimi ! (Cant. v, 1.)

de Paray, cette cérémonie est comme une image de la bienheureuse mort des saints.

Ils nous quittent, il est vrai, et leur départ remplit nos cœurs de tristesse, mais ils ne nous quittent que pour s'unir à Dieu. Ils vont attendre, près du trône de l'Agneau, l'heure où il sera donné à leur poussière inanimée de revivre et à leurs âmes de rentrer dans des corps à jamais spiritualisés et glorieux.

Là, dans ce Royaume éternel où « l'ingratitude n'est jamais entrée »[1], ces âmes se souviennent de nous. « Loin de s'éteindre les » affections des bienheureux se sont élargies » et fortifiées le jour où Dieu les a mis plus » près de son cœur, et s'il les a fait *entrer* » *dans ses puissances*, selon le langage des » saints Livres, c'est afin de les employer plus » efficacement à l'exécution des desseins de » son infinie miséricorde. »[2]

1. Cette belle et consolante parole fut adressée à Marguerite-Marie par une âme qui dut à ses prières d'être admise à la béatitude éternelle, après avoir passé par les flammes expiatrices du Purgatoire.

2. Mgr de Marguerye, évêque d'Autun (Mandement du 19 avril 1865, pour la Béatification). Voir aussi le très beau discours prononcé par notre vénérable prédécesseur à Paray-le-Monial, à l'occasion de la même solennité. Il a été reproduit dans la collection intitulée : *Encyclopédie de la Prédication contemporaine ;* Marseille, chez Mingardon, éditeur, 1881.

Ajoutons enfin que ces âmes nous instruisent avec plus d'autorité encore que pendant leur vie par leurs exemples et par leurs vertus.

C'est précisément là, N. T. C. F., le fruit que nous devons nous proposer de la célébration solennelle du second centenaire de la mort si précieuse devant Dieu de l'apôtre du Cœur de Jésus.

Dans quelle mesure nous est-il possible, à nous qui ne sommes pas appelés à des états extraordinaires, d'imiter la servante de Dieu ?

Quel profit pouvons et devons-nous tirer de la dévotion qu'elle a été chargée de faire connaitre au monde?

Dans quelles dispositions convient-il que nous nous mettions pour nous préparer au Jubilé que le Saint-Père a daigné nous accorder en l'honneur de ce grand anniversaire, et de quelle façon ferons-nous servir les exercices de ce Jubilé à l'exaltation de la Bienheureuse et à notre propre sanctification? Nous répondons à ces importantes questions dans la troisième partie de notre Instruction pastorale.

TROISIÈME PARTIE

—

EXEMPLES A RECUEILLIR DE LA VIE DE LA BIENHEUREUSE.

On peut aimer à lire les vies des saints pour deux raisons qui ne s'accordent guère entre elles.

Tantôt, en effet, nous donnons notre préférence à celles qui renferment peu de visions, de miracles, de révélations extraordinaires, parce qu'elles n'exigent pas de nous des actes de foi trop difficiles et qu'elles nous semblent plus proportionnées soit à l'ordinaire de notre vie, soit à la médiocrité de notre vertu.

Tantôt, au contraire, ce sont les vies où abonde le surnaturel qui nous plaisent davantage, parce que, d'emblée, nous les estimons tout à fait impossibles à imiter. Elles nous intéressent et elles nous émeuvent. Mais, convaincus d'avance qu'elles ne sauraient en rien engager notre responsabilité, nous ne cherchons même pas à nous demander en quoi et comment elles pourraient contribuer à notre amendement et nous aider à faire des progrès dans les vertus fondamentales du christianisme.

La vie de la Bienheureuse appartient évidemment à cette seconde catégorie. Que de personnes, même solidement pieuses, se sont dit, après l'avoir lue : Je ne saurais évidemment avoir rien de commun avec cette habitante du cloître, conduite depuis son enfance jusqu'à sa mort par les voies les plus extraordinaires; favorisée de grâces tout à fait rares; mise par Jésus-Christ lui-même en dehors et au-dessus des règles qui président habituellement aux relations de l'âme avec Dieu durant cette épreuve de la vie présente où ce n'est pas le temps de voir, mais de croire; rendue capable ainsi de pratiquer dans des proportions véritablement exceptionnelles le recueillement, l'oraison, l'humilité, l'obéissance et la plus héroïque mortification.

Il résulterait de là que Marguerite-Marie n'aurait pas le droit de nous répéter la parole adressée par saint Paul aux Corinthiens : « Je » vous en prie, imitez-moi comme j'ai imité » Jésus-Christ. »[1]

1. Rogo ergo vos; imitatores mei estote, sicut et ego Christi. (I Cor. IV, 16.)

Pour dissiper cette erreur ou répondre à cette prévention, nous invoquerons ici le témoignage du prélat qui a porté un si courageux défi à l'incrédulité d'un siècle sceptique et libertin, en ne dissimulant rien des prodiges de grâce opérés par le Seigneur dans sa fidèle servante. La vie de la Visitandine de Paray, nous dit son principal historien, Mgr Languet, « n'est pas » moins instructive qu'elle est admirable. »[1] Ailleurs il ajoute « que ces merveilles doivent » contribuer à l'édification du prochain. »[2]

Ce n'est donc pas seulement pour satisfaire une curiosité pieuse qu'il convient de lire une biographie où le surnaturel tient une si grande place. Il faut qu'elle serve « à nous instruire » et à nous édifier. »

La dernière partie de cette Instruction pastorale sera consacrée à montrer comment les exemples de la Bienheureuse sérieusement médités doivent contribuer au bien spirituel non seulement des âmes vouées comme elle à la perfection du christianisme par les vœux de religion, mais des simples fidèles de tout âge et de tout rang, pourvu qu'ils prennent au sérieux les engagements de leur baptême.

1. Mgr Languet, *Discours préliminaire*, II.
2. Id. ibid. LII.

*
* *

La Bienheureuse proposée en exemple d'abord aux religieuses de la Visitation, puis à toutes les âmes qui ont résolu d'embrasser la vie parfaite.

Avant tout, sans doute, il convient que nous nous adressions à la famille religieuse au sein de laquelle s'est développée jusqu'à sa pleine maturité la sainteté de Marguerite-Marie.

Quel accueil a été fait à l'annonce de notre Centenaire et de notre Jubilé : nous le savons. De tous les pays où existent des couvents de la Visitation sont arrivés à notre cher Paray les touchants témoignages d'une joie fraternelle, inspirée par les motifs d'une délicate et toute surnaturelle charité. Ces lettres, venues de tous les points de l'horizon, nous ont révélé des trésors de piété et de tendresse. Toute la postérité spirituelle de saint François de Sales est émue de reconnaissance dans l'attente des solennités qui seront célébrées bientôt en ce lieu béni, pour honorer celle qui a si pleinement réalisé la prophétie de son bienheureux Père lorsqu'il donnait aux religieuses de son institut le nom significatif de « filles du Cœur de Jésus[1]. » C'est, de toutes parts, un redoublement de ferveur dans la prière, de fidélité dans l'obéissance à la règle, de générosité à multiplier les actes de vertu et les sacrifices cachés.

Le 1er janvier 1613, le saint fondateur de la Visitation, faisant revivre dans son langage imagé les souvenirs de l'âge chevaleresque, avait envoyé, « en bonne étrenne, un sacré cartel de défi » à ses chères filles. Outre le défi général dont la devise était la parole de Dieu à Abraham : « Marche devant moi et sois parfait » (Gen. XVII, 1), il avait formulé autant de défis particuliers que de vertus religieuses à pratiquer ou de défauts à éviter pour tendre à la perfection.

Cette aimable et vaillante tradition est demeurée dans son institut un véritable héritage de famille, soigneusement gardé et entretenu. Au 1er janvier 1890, à l'occasion du centenaire

1. « Les religieuses de la Visitation qui seront si heureuses que de bien observer leurs règles pourront véritablement porter le nom de filles évangéliques, établies en ce dernier siècle pour être les imitatrices du Cœur de Jésus dans la douceur et l'humilité, base et fondement de leur ordre qui leur donnera le privilège et la grâce incomparable de porter la qualité de FILLES DU SACRÉ CŒUR DE JÉSUS. » (Saint François de Sales.)

de cette Marguerite qui avait puisé dans ses colloques avec le Dieu caché de l'Eucharistie le désir ardent d'être à jamais oubliée par les créatures, ses sœurs de Paray ont résolu de se provoquer les unes les autres à faire des progrès dans la sainte vertu d'humilité. Toutes les autres maisons de l'ordre ont eu bientôt connaissance de ce « cartel » édifiant qui honore du même coup le Cœur très doux et humble du Sauveur et la fidèle imitatrice de ses abaissements.

Comme le monde se rirait de cette conspiration ourdie derrière les grilles du cloître en vue de compenser et d'expier tant de manifestations bruyantes inspirées par l'esprit d'orgueil! Mais aussi quelle est belle cette lutte qui, dans les profondeurs de la vie ensevelie en Dieu avec Jésus-Christ, a pour but d'exalter une vertu dont les hommes font si peu d'estime! « Aux plus humbles, la » meilleure place dans le Cœur de Jésus! » C'est bien la devise de ce cartel où se retrouve la parole même du Maître : « Celui qui s'humilie » sera exalté! » *Qui se humiliat, exaltabitur.* [1]

C'est au nom même de ce défi que nous nous

1. Matth. XXIII, 12.

permettons d'adresser la parole à la grande famille de saint François de Sales et de sainte Chantal. Nous n'avons garde d'oublier que nous n'avons aucun pouvoir de juridiction sur ces nombreux monastères de France, d'Italie, d'Espagne, de Suisse, de Pologne, d'Allemagne, de Belgique, d'Angleterre, d'Amérique, avec lesquels la célébration du Centenaire nous met en très particulière communion de prières et de saints désirs. Aussi n'est-ce pas au nom de l'autorité pastorale de gouvernement que nous soulignerons dans la vie de la Bienheureuse quelques traits sur lesquels nous voulons appeler plus spécialement l'attention de sa famille religieuse : c'est au nom des sentiments de vénération dont nous sommes pénétrés à l'égard de cette armée de vierges qui, sous l'égide du saint Évêque de Genève et de notre vaillante compatriote sainte Chantal, ne se lassent pas de combattre et de s'immoler pour « faire triompher en elles le Christ Jésus. » [1]

D'ailleurs, rien ne sera de nous dans les sentences que nous leur proposons de méditer à l'occasion et en l'honneur du second centenaire de la Bienheureuse. Nous ne serons ici

1. II Cor. II. 14.

que son interprète et c'est elle-même qui, du sein de la béatitude et de la gloire, se chargera de donner à ses sœurs de la terre les conseils inspirés par l'unique désir de leur voir réaliser toute la perfection de leur saint état.

Ajoutons que son zèle, dilaté dans l'infinie charité du Cœur de Jésus, ne saurait s'arrêter aux limites de l'institut dont elle est la gloire : elle s'adresse aussi, par notre intermédiaire, à toutes les âmes qui, dociles au mystérieux appel de l'Époux, ont résolu d'embrasser la voie étroite, de mourir au monde et à elles-mêmes, de se consacrer complètement à Jésus-Christ afin de recevoir de Lui, suivant sa promesse, « abondance et surabondance de vie ».[1]

Marguerite Alacoque a révélé elle-même pour quel motif, décidée à être religieuse, elle voulut l'être à la Visitation.

Au dix-septième siècle, les religieuses de cet ordre étaient communément appelées « les Saintes-Maries ». Cette dénomination populaire devint dans l'esprit de la jeune prétendante la

1. Ego veni ut vitam habeant et abundantius habeant. (Joan. XII.)

majeure d'un raisonnement qui eut pour elle toute la rigueur d'un théorème de géométrie. Nous avons déjà vu plus haut en quels termes elle s'exprimait à cet égard, et personne ne nous reprochera de citer de nouveau ses admirables paroles :

« Je sentis gravé dans mon esprit, dit-elle,
» *que toutes celles qui habitaient ce monas-*
» *tère devaient être saintes;* que ce nom de
» Sainte-Marie me signifiait qu'il le fallait être
» à quelque prix que ce fût, et que c'était
» pourquoi il fallait s'abandonner et sacrifier
» à tout sans aucune réserve ni ménagement. »[1]

Mgr Languet fait remarquer très justement que « cette idée de sainteté à acquérir resta
» toujours dans son esprit. Elle lui servait
» de motif décisif pour passer en toute occasion
» par-dessus les répugnances naturelles qui
» s'opposaient à sa perfection. »[2]

Faire choix d'une des vérités fondamentales de la révélation chrétienne et avoir la volonté ferme d'en déduire toutes les conséquences sans se laisser rebuter par aucune difficulté et, comme disait la Bienheureuse, « coûte que

1. *Sa Vie par elle-même*, II, 364.
2. Édition de 1729, p. 37.

coûte » : telle est la méthode des saints. Ils savent nettement ce qu'ils veulent et ils font ce qu'ils ont résolu d'accomplir, non certes en se confiant à eux-mêmes et aux ressources de leur vertu propre, mais à la grâce que Dieu ne refuse jamais aux humbles[1]. Leur secret, c'est de mettre toujours et partout leur conduite d'accord avec les exigences de leur foi et de se gouverner par une logique dont la rigueur ne fléchisse jamais.

Sans le savoir, la novice de la Visitation raisonnait comme saint Bernard, qui dans certains moments difficiles où la nature aurait été tentée de se décourager et de défaillir, s'interpellait lui-même et se disait : « Bernard, pourquoi es-tu venu ici : *Bernarde, ad quid venisti?* » Paroles dans lesquelles on trouve un syllogisme très exact et le solide fondement de la vie religieuse : — « J'ai quitté le monde, afin » d'appartenir à Jésus-Christ; de le suivre de » plus près; de lui ressembler davantage, — » par conséquent, pour être humilié et pour » souffrir. Donc, » — et cette conclusion s'impose absolument à quiconque s'est engagé

1. Deus humilibus dat gratiam. (Prov. III, 34. I Petr. V, 5. Jac. IV, 6.)

dans l'étroit sentier de la perfection, — « il faut » être saint à quelque prix que ce soit, — et, » pour cela, tout sacrifier, sans aucune réserve » ni ménagement. »

Si l'oraison est l'âme de la vie de la grâce, l'état religieux sans l'oraison est un corps sans âme, puisque l'état religieux a pour fin de développer continuellement la vie de la grâce et de la rendre capable d'atteindre jusqu'aux cimes des plus hautes vertus.

Les méthodes d'oraison peuvent différer les unes des autres, et quand on appartient à un ordre religieux, il faut toujours avoir grand soin de se conformer exactement à la méthode prescrite par la règle.

Mais sous ces diversités accidentelles, il y a un fonds qui est identique et qui constitue l'essentiel de l'oraison. D'après tous les saints, elle est un colloque dans lequel, tour à tour, Dieu appelle et l'âme répond; l'âme cherche, et Dieu l'aide à trouver; l'âme scrute devant Dieu l'abîme de sa misère; et Dieu se plaît à répandre en cette âme sincèrement humiliée l'abîme de sa miséricorde.

L'âme occupée à l'oraison n'y saurait tout faire par elle-même; bien loin de là, puisque sans la grâce de Jésus-Christ, elle est incapable de quelque effort surnaturel que ce soit [1]. Mais elle ne demeure pas non plus dans un état purement passif; elle coopère à l'action de Dieu. Les exemples et les paroles de la Bienheureuse contiennent sur ce point de si haute importance l'exacte vérité. Sans doute, ses ravissements, ses extases, ses entretiens avec Notre-Seigneur, vu et senti présent. demeurent des phénomènes exceptionnels qui ne sauraient être proposés en exemple à personne. Mais ce que peuvent lui emprunter avec grand profit pour leur avancement dans la vraie et bonne spiritualité toutes les âmes désireuses de se bien acquitter de l'oraison, c'est la méthode dont elle fut directement instruite par Notre-Seigneur lui-même, quand elle était encore dans le monde :

« Je ne savais autre chose de l'oraison que » le mot qui ravissait mon cœur. Et m'étant » adressée à mon souverain Maître, il m'apprit » comme il voulait que je la fisse : *ce qui m'a* » *servi toute ma vie.* Il me faisait prosterner » humblement devant lui, pour lui demander » pardon de tout ce en quoi je l'avais offensé ; et

1. Sine me nihil potestis facere. (Joan. xv.)

» puis, après l'avoir adoré, je lui offrais mon » oraison. Ensuite, il se présentait lui-même à » moi dans le mystère où il voulait que je le » considérasse....... Mon cœur se sentait con» sumé du désir de l'aimer et cela me donnait » un désir insatiable de la sainte communion » et de souffrir. »[1]

La préparation et le corps de l'oraison, l'exercice alternatif ou simultané des puissances intellectuelles et affectives de l'âme; les résolutions et conclusions pratiques se résolvant dans un amour plus ardent de Notre-Seigneur et dans le désir courageux de souffrir pour lui témoigner cet amour : tout est là.

Pour faciliter cet exercice fondamental de l'oraison sur lequel repose toute l'économie des relations surnaturelles de l'âme avec Dieu, on peut encore trouver de précieuses indications dans le souvenir très instructif de deux épisodes de la vie de la Bienheureuse que nous avons précédemment rapportés.

Vous qui avez fait profession de suivre de plus près le Maître bien-aimé, puisque vous avez renoncé aux joies mêmes les plus légitimes

1. *Vie,* 345.

du monde, allez souvent, avec Marguerite, vous agenouiller aux pieds de Jésus crucifié et demandez-lui « d'imprimer en vous son image souffrante ». Comme à elle, il vous répondra que tel est son désir et il vous sollicitera de coopérer à son accomplissement. Quelle oraison plus pratique et plus féconde en solides vertus qu'un semblable entretien entre le Dieu du Calvaire et une âme vouée à son service par les vœux de religion !

Inspirez-vous encore du conseil donné à la fervente novice dès son entrée au couvent, et quand vous ne saurez comment employer le temps inestimable de l'oraison, allez vous placer devant le Sauveur Jésus « comme une toile d'attente » et suppliez-le de peindre en vous la ressemblance très fidèle de ses mystères, de ses états et de ses vertus.

Encore une fois, il n'y a rien en tout cela qui présuppose l'intervention de grâces exceptionnelles. Avec le secours ordinaire de la grâce de Dieu, ces méthodes d'oraison sont accessibles à toutes les âmes de bonne volonté.

En quelle estime Marguerite-Marie a tenu les vertus d'humilité, d'obéissance, de mortification; de quelle façon elle en a parlé; mais, surtout, avec quelle perfection elle les a pratiquées : sa vie entière en rend témoignage.

Si nous revenons sur ces parties fondamentales de l'œuvre accomplie par Notre-Seigneur dans cette âme privilégiée, c'est pour y ajouter quelques réflexions dont de ferventes religieuses ne manqueront pas de tirer profit.

L'humilité court grand risque de n'être qu'une vertu abstraite, si l'on n'y joint pas la discipline pénible, mais nécessaire, des humiliations. Prétendre être humble et se refuser à être humilié, ce sont deux choses contradictoires et incompatibles.

De plus, si les humiliations sont comme l'accompagnement obligé de l'humilité, non seulement il ne faut pas être indisposé contre les personnes qui nous humilient; mais, à l'exemple de la Bienheureuse, on leur saura gré du service inestimable qu'elles nous rendent. Au lieu d'éprouver de la froideur à leur égard, on leur témoignera une sincère reconnaissance; on leur dira comme Marguerite-Marie à son ancienne supérieure la Mère Greyfié : « Vous ne pouviez me donner » de plus effectives marques d'une parfaite

» amitié qu'en m'humiliant et me morti-
» fiant. »[1]

Quant à l'obéissance, nous n'avons pas oublié jusqu'à quel degré Marguerite-Marie sut la porter. Elle en avait reçu le commandement très exprès de Notre-Seigneur, lequel, afin d'appuyer à un fondement inébranlable une vertu sans laquelle aucun institut religieux ne peut subsister, voulut que, en cas de conflits entre ses révélations cachées et les commandements des supérieures, sa fidèle servante donnât toujours la préférence à ces derniers, et pratiquât de la sorte le sacrifice difficile des jugements intérieurs sans lequel l'obéissance extérieure n'est qu'une insuffisante formalité.

Assurément, nos supérieurs n'ont pas le privilège de l'infaillibilité. Ils peuvent se tromper quand ils nous imposent telle ou telle prescription. Mais nous, qui n'avons qu'à obéir, nous sommes assurés de ne jamais nous tromper quand nous obéissons, et plus nous serons fidèles à ranger sous le joug de l'obéissance, non seulement nos actions qui se voient, mais nos pensées et nos jugements qui ne sont vus de personne sauf de

1. II, 184.

Dieu seul, plus cette obéissance montera vers lui comme un sacrifice d'agréable odeur, plus elle sera féconde en mérite pour nous : *Pater qui videt in abscondito reddet tibi.*

La vie de la Bienheureuse nous rappelle encore comment, dans la vie religieuse, l'obéissance doit tout régler; oui, tout, jusqu'à l'usage des pratiques les plus sanctifiantes, telles que sont les pénitences extérieures dont Marguerite-Marie surajouta si généreusement les austérités à tant de souffrances et de mortifications qui lui venaient soit de Notre-Seigneur lui-même, soit de ses fréquentes maladies, soit des procédés pénibles du prochain à son égard. Un jour qu'elle avait dépassé la mesure autorisée par sa supérieure en s'infligeant la discipline, elle fut nettement avertie que Dieu n'agréait de ce sacrifice que ce qui avait eu la sanction de l'obéissance. Cet avertissement n'était d'ailleurs qu'un écho direct de cet oracle de nos Livres saints : « Il vaut mieux obéir qu'offrir des » victimes, et Dieu se plaît plus dans la sou- » mission que dans la graisse des béliers. » [1]

1. Melior est enim obedientia quam victimæ, et auscultare magis quam offerre adipem arietum. (I Reg. xv, 22.)

Enfin, très chères et vénérées Sœurs de notre Bienheureuse, et vous toutes, âmes favorisées de la vocation à la vie parfaite, ne perdez jamais de vue ce qui lui a été surnaturellement révélé au sujet des défauts qui déplaisent le plus à Notre-Seigneur dans les personnes et dans les communautés consacrées à son service, et avec quelle rigueur il les châtiera dans l'autre vie.

Il suffit de les énumérer pour comprendre jusqu'à quel point ils sont un obstacle à la perfection et blessent le Cœur de celui qui est le maître et le modèle de la vie parfaite :

Le relâchement dans la pratique de la règle;

Les relations trop fréquentes avec les personnes du monde;

Les murmures contre l'obéissance et contre les supérieurs;

Un attachement désordonné aux biens temporels;

La tiédeur pour l'oraison et la communion;

Les jalousies réciproques;

Les railleries contraires à l'esprit de charité;

Les petites sensualités;

L'amour de la vanité et de ce qui la nourrit.

On dira peut-être que ce ne sont pas là de grands désordres. Il n'est pas nécessaire non plus que l'œil, cet organe si délicat, soit atteint par une pièce de fer ou de bois pour être blessé; il suffit pour cela d'un fétu de paille.

Les grands désordres mènent à une prompte ruine; les petits produisent le relâchement, l'abus des grâces, le marasme spirituel, et provoquent dans le Cœur de Notre-Seigneur ces redoutables nausées dont le disciple bien-aimé a parlé avec tant d'énergie au livre de l'Apocalypse. [1]

Dans une lettre écrite le 24 avril 1685 à une de ses anciennes supérieures, la Mère de Saumaise, Marguerite-Marie rappelait le souvenir d'une Sœur morte depuis quelques mois. La défunte lui était apparue et elle lui avait révélé que les souffrances auxquelles elle était soumise dans le purgatoire venaient :

1° D'avoir mal observé son vœu d'obéissance, en n'obéissant qu'à ce qui lui plaisait : « Telles » obéissances, avait-elle dit, ne sont qu'à con- » damnation devant Dieu. »

2° D'avoir éludé son vœu de pauvreté en donnant à son corps des soulagements superflus et en voulant ne manquer de rien.

3° Enfin d'avoir, par ses manquements à la charité, causé la désunion entre plusieurs

1. Incipiam te evomere ex ore meo. (Apoc. III, 16.)

Sœurs. Elle ajouta qu'en punition de cette dernière faute, les prières faites pour elle sur la terre ne lui étaient pas appliquées, « étant » juste qu'ayant manqué de charité elle souffrît » sans compassion. »[1]

1. Il ne sera pas inutile d'ajouter ici ce que le Mémoire des contemporaines nous apprend d'une visite de saint François de Sales dont la Sœur Marguerite-Marie fut favorisée pendant son oraison au commencement de l'année 1673, un peu avant la fête du saint fondateur de la Visitation. « Il me fit voir, dit-elle, que les vertus » qu'il avait toujours le plus souhaitées à ses filles » étaient celles qui l'avaient continuellement toujours » uni à Dieu : c'est-à-dire la charité envers Dieu et le » prochain, et la plus profonde humilité —; que l'on » était déchu de la charité envers Dieu lorsqu'on ne » regarde que la créature en ses actions, ne recherchant » que leur approbation, sans se soucier d'être de très » mauvaise odeur devant Dieu qui détourne sa face de » semblables actions; et que les amitiés particulières » détruisent la charité et le silence. Quant à l'humilité, » que c'était manque de se tenir en soi-même pour veiller » à ses propres défauts; que l'on jugeait mal les intentions » du prochain au moindre signe que l'on voyait de l'action. » — C'est ce qui me fait beaucoup de peine, ajouta notre » saint père. » (*Contemporaines*, II, p. 78.)

*
* *

La Bienheureuse proposée en exemple aux fidèles.

Quant aux chrétiens appelés à vivre dans le monde, après avoir admiré dans l'histoire de la vierge de Paray les prodiges de grâce accomplis en elle et remercié le Seigneur d'avoir daigné la choisir pour révéler aux hommes les trésors cachés de son divin Cœur, peuvent-ils trouver dans une vie aussi extraordinaire des enseignements utiles, applicables à leur condition et à leurs devoirs?

Au premier abord, — il faut l'avouer, — cette vie ne semble pas être plus accessible à l'imitation des simples fidèles que celle de saint Siméon Stylite ou de tel solitaire de la Thébaïde, dont les oraisons continuelles, les jeûnes, les veilles, les pénitences effroyables ne sauraient évidemment trouver place dans le cadre ordinaire et moyen de nos existences. Le récit de ces prodiges nous intéresse, nous touche, nous pénètre d'un respect profond pour l'héroïsme de ces âmes prédestinées.

Mais il ne nous vient guère à la pensée que nous puissions tirer de leurs exemples un profit personnel.

N'oublions pas cependant, suivant la parole déjà citée de Mgr Languet, que « la vie de la » Bienheureuse Marguerite-Marie n'est pas » moins instructive qu'elle est admirable. »

Essayons de démontrer la justesse de cette réflexion.

Marguerite Alacoque allait avoir vingt-quatre ans accomplis quand, après de longues et douloureuses hésitations qu'elle se reprocha plus tard fort amèrement, elle prit le parti d'embrasser l'état religieux. La première période de son existence s'est écoulée au milieu de circonstances très analogues à celles où se trouvent beaucoup d'enfants et de jeunes personnes. Nous laisserons de côté les incidents qui portent déjà le cachet de grâces extraordinaires et miraculeuses. On ne saurait évidemment proposer en exemple des faits exceptionnels. Mais il y a de fort utiles remarques à faire au sujet de l'enfance et de la première éducation de celle que Dieu réservait à de si grandes choses.

Avec la plus naïve et touchante candeur Marguerite-Marie nous apprend elle-même quelles furent ses dispositions habituelles dès

l'âge où elle peut avoir conscience d'elle-même : « Aussitôt que je me sus connaître,
» dit-elle, la laideur du péché imprima dans
» mon âme tant d'horreur que la moindre
» tache m'était un tourment insupportable;
» et pour me contenir dans la vivacité de
» mon enfance, on n'avait qu'à me dire que
» c'était peut-être offenser Dieu : cela m'arrêtait
» tout court. »[1]

Heureuse et bénie en vérité cette petite fille à laquelle il suffisait de parler du péril possible d'offenser Dieu pour arrêter tout court en elle les premières et instinctives saillies du caractère ou du tempérament!

Mais bénis et heureux aussi les parents qui prirent le soin d'imprimer dans le cœur de cette enfant l'horreur du mal avec le respect souverain de l'autorité et de la sainteté de Dieu! Comment une éducation fondée sur de tels principes ne donnerait-elle pas les plus heureux fruits?

Familles chrétiennes qui viendrez cette année prendre part aux fêtes du Centenaire et aux exercices de notre Jubilé, ne quittez pas nos sanctuaires sans avoir mis les âmes de vos enfants sous la protection toute spéciale

1. *Vie*, p. 338.

de cette fille de notre Charollais qui, dès le premier éveil de la raison et de la conscience, ressentit à un si haut degré la crainte filiale d'offenser Dieu! Puis, profitez de quelques moments de recueillement pour vous interroger vous-mêmes sur la méthode que vous avez suivie jusqu'à ce jour dans l'éducation de vos enfants; pour vous demander à quelles pensées, à quelles préoccupations vous rattachez les détails de ce labeur sacré, de cette discipline du foyer domestique dont le Pape Léon XIII nous disait naguères, avec tant d'autorité, qu'elle constitue de beaucoup la partie la plus importante de la formation de l'homme et de sa préparation aux devoirs, aux responsabilités, aux épreuves de la vie.

Vous le voyez, N. T. C. F., un simple détail de la première enfance de Marguerite-Marie peut devenir pour un grand nombre d'entre vous la matière d'un enseignement directement approprié à leurs devoirs et aux nécessités les plus évidentes de leur vie de famille.

Devenue jeune fille, Marguerite était vive, gaie, spirituelle, enjouée. Sainte Thérèse a confessé elle-même dans son immortelle autobiographie que la lecture des livres de chevalerie avait failli lui faire perdre le goût de la prière et de la piété sérieuse. Marguerite ne paraît pas avoir lu de romans. Mais, au moins à deux reprises, elle eut à lutter contre un amour du plaisir et une recherche de la parure qui faillirent arrêter le cours des grâces de Dieu sur elle et compromettre la sublime vocation à laquelle elle était destinée [1]. Elle se reprocha en particulier avec beaucoup de vivacité de s'être laissé entraîner en temps de carnaval à se déguiser en compagnie d'autres jeunes filles.

Hâtons-nous de dire que, dans le même temps, elle prenait d'elle-même de terribles vengeances des faiblesses qu'elle avait à se reprocher et qu'elle exerçait dès lors sur elle-même les pénitences les plus rigoureuses.

Hélas ! combien de jeunes personnes de nos jours n'éprouvent aucun scrupule d'une mondanité en comparaison de laquelle les prétendus dérèglements de Mlle Alacoque paraîtraient sans doute bien innocents. Mais douée d'un tact très délicat, encore affiné par l'action de la grâce, elle sentait qu'il n'est pas possible d'appartenir

1. *Sa Vie*, t II, p. 340 et 349.

en même temps et au monde et à Jésus-Christ; et elle se punissait avec une sanglante sévérité des compromissions où l'entraînaient parfois sa jeunesse et le contagieux exemple de compagnes moins pieuses.

De nos jours, cette inflexible rigueur de la logique appliquée aux maximes évangéliques n'existe plus que dans un très petit nombre d'âmes. Des personnes qui affichent la haute piété et réclament aisément comme un droit d'être admises à la communion fréquente, ne voient aucun inconvénient, ni pour elles ni pour leurs filles, à prendre une très large part aux divertissements les plus mondains, à s'y montrer dans des toilettes conformes aux exigences de la mode, quelquefois même quand ces exigences s'éloignent des règles de la modestie, et elles ne s'examinent jamais sur la question de savoir si, et dans quelle mesure, elles posent par là, soit pour elles-mêmes, soit pour les autres, de véritables occasions de péché!

Il en faut dire autant de la facilité déplorable avec laquelle, même dans des familles où la religion est encore en honneur, libre accès est laissé à des romans, à des revues, à des pièces de théâtre où se trouvent fréquemment offensées les vertus les plus délicates, sans parler des livres qui s'attaquent directement à la foi et à l'égard desquels on ne se montre pas plus sévère, sous le prétexte qu'ils sont écrits avec talent et qu'il faut se tenir au courant du mouvement intellectuel.

Puissent, sur ce point, les aveux très édifiants d'une jeune fille du dix-septième siècle inspirer à nos contemporaines une conduite plus conforme à l'esprit de l'Évangile, et le dégoût de cette prétendue piété dont on allie sans scrupule les pratiques à des habitudes tout à fait incompatibles avec ce que Bossuet appelle si justement « l'incompréhensible sérieux » de la vie chrétienne.[1]

Durant plusieurs années Marguerite demeura près de sa mère, laquelle devenue veuve, souvent malade, était de plus, comme nous l'avons dit, opprimée par une parenté indiscrète qui avait fait invasion chez elle et l'avait réduite à une humiliante servitude, ainsi que sa fille. Après avoir servi ces maîtresses incommodes et exigeantes, celle-ci sut trouver du temps pour secourir le prochain

1. Lettre du 13 septembre 1694.

dans ses plus pénibles nécessités. Elle visitait les pauvres, soignait les malades et, malgré sa répugnance naturelle pour la malpropreté et les mauvaises odeurs, accomplissait de véritables prodiges de charité et de mortification en allant panser des blessures ou des plaies hideuses.

Parmi les bonnes œuvres auxquelles elle s'appliquait, il en est une que nous voulons recommander tout spécialement à l'attention des personnes chrétiennes animées de l'esprit de foi et sensibles aux dangers dont se trouve menacée l'éducation religieuse de la génération actuelle.

La Bienheureuse a raconté elle-même comment « elle engageait de petits pauvres à venir » vers elle, pour leur apprendre leur caté- » chisme et à prier Dieu. » Quelquefois il y en avait une si grande quantité qu'elle ne savait où les mettre. Souvent, ce ministère de charité était contrarié par les personnes qui exerçaient une autorité despotique sur elle et sur sa mère, et qui venaient parfois disperser fort brutalement la maîtresse et les écoliers réunis pendant l'hiver dans une des grandes pièces de la maison.

Combien nous avons béni Dieu d'avoir rencontré cet épisode dans l'histoire des jeunes années de notre Marguerite! Que de grâces renfermées dans cet exemple si admirablement adapté à une des plus douloureuses épreuves du temps présent! Chère Bienheureuse, par le Cœur de Jésus de qui vous avez reçu de tels sentiments, allumez ou augmentez en nous les ardeurs d'une compassion surnaturelle pour les âmes de tant d'enfants qui ne reçoivent ni à l'école, ni même trop souvent, hélas! au foyer domestique l'enseignement élémentaire de la religion et auxquels leurs parents ne se préoccupent guères d'apprendre à connaître et à prier « le bon Dieu. »[1]

Vous n'étiez pas encore devenue l'épouse de Jésus-Christ par vos vœux de religion, et déjà vous étiez apôtre. Votre zèle pour l'instruction catéchétique des enfants, communiquez-le à ces dames et à ces jeunes filles qui sont redevables à leur situation sociale de pouvoir disposer de nombreux loisirs. Qu'elles se fassent, comme vous, les collabo-

1. Au moment où ces pages s'imprimaient, nous avions connaissance d'un rapport présenté par Mgr d'Hulst, recteur de l'Institut catholique, président de l'Œuvre des Catéchismes du diocèse de Paris. L'œuvre est établie dans quarante-quatre paroisses et compte 794 dames, instruisant 1219 enfants, dont 3277 de six à dix ans.

ratrices du travail ingrat et difficile des prêtres chargés d'inculquer l'essentiel de la doctrine chrétienne à ces pauvres petits écoliers qui leur arrivent fatigués par le travail de la classe, à qui personne n'a pris soin d'apprendre la lettre du catéchisme et dont il faut tout à la fois exercer la mémoire, le jugement, la raison, la sensibilité, afin de les mettre en état de se bien confesser et de communier dignement. Voilà une œuvre de miséricorde dont notre époque réclame instamment le bienfait. Elle existe déjà, nous le savons, dans un certain nombre de villes et de paroisses. Que toutes les pieuses personnes appliquées à ce charitable ministère reçoivent les plus tendres bénédictions du Cœur de Jésus ! « En vérité, je vous le dis, » ce que vous aurez fait au plus petit d'entre » mes frères, c'est à moi-même que vous » l'aurez fait. »[1]

Partout où MM. les Curés du diocèse d'Autun l'estimeraient possible, nous les engagerions à grouper les catéchistes volontaires de leurs paroisses dans des associations qui seraient placées sous le patronage de la Bienheureuse.

1. S. Mathieu, xxv, 40.

Ce serait un excellent moyen d'honorer la charité dont elle faisait preuve quand elle instruisait de petits campagnards et les formait à la connaissance et à l'amour de Jésus-Christ.[1]

Marguerite a quitté sa famille et le monde. Elle appartient désormais tout entière au monastère où, pendant près de vingt ans, elle ira d'ascensions en ascensions à une pratique toujours plus achevée de l'humilité, de l'obéissance, de la pauvreté, de la mortification.

Mais quel rapport des vertus spéciales à l'état religieux peuvent-elles avoir avec les obligations, les responsabilités, les tentations, les périls des personnes vivant dans le monde? Ici donc les fidèles, même les mieux disposés, peuvent croire de bonne foi que la différence

1. Est-ce en souvenir de cet apostolat qu'existe dans la paroisse de Paray-le-Monial le touchant usage de réunir les enfants de la première communion à la chapelle de la Visitation pour les exercices de la retraite préparatoire à cet acte d'une si haute importance? Deux fois par jour, ils remplissent le pieux sanctuaire pour entendre les instructions qui leur sont adressées, chanter des cantiques et recevoir la bénédiction du très saint Sacrement. De la châsse où reposent ses restes vénérés, on dirait que la Bienheureuse préside à ces exercices et catéchise cette chère jeunesse comme elle aimait tant à le faire dans sa maison de Lhautecour.

des vocations rend tout-à-fait impraticables et inimitables pour eux les exemples donnés par une recluse, d'ailleurs favorisée des opérations les plus extraordinaires de la grâce de Dieu.

Faut-il accepter sans réponse cette fin de non-recevoir? Est-il exact de penser que les chrétiens du siècle n'ont aucun profit à faire des vertus pratiquées dans le cloître?

Nous estimons qu'il y a lieu de dissiper ici une grande erreur.

Voici, à cet égard, la vérité bien digne d'être méditée par tous ceux qui prennent au sérieux leur nom et leur profession de chrétiens, et qui se rendent compte de la valeur des engagements résultant pour eux de leur appel à la foi et des vœux de leur baptême.

Jésus-Christ n'a pas prêché deux Évangiles, l'un pour les religieux, l'autre pour les simples fidèles. Il a, dans le même Évangile, distingué les conseils des préceptes. Ceux-ci sont imposés à tous; les conseils sont plus spécialement proposés à quelques-uns. Mais les préceptes et les conseils se réfèrent aux mêmes principes; ils ont pour ainsi dire les mêmes racines; s'ils se distinguent les uns des autres, c'est par l'étendue et la nécessité de leurs obligations : entre eux, la différence est non de nature, mais de degré.

« Apprenez de moi que je suis doux et humble » de cœur » n'a pas été dit seulement pour l'élite restreinte qui s'engage dans la voie étroite des conseils évangéliques, mais pour tous les disciples de Jésus-Christ, quels qu'ils soient, et par conséquent la douceur et l'humilité surnaturelle doivent trouver leur place dans toute vie qui a la prétention d'être chrétienne.

Ce n'est pas non plus seulement pour les apôtres ou pour les saintes femmes dans lesquels on pourrait trouver la personnification de l'état religieux que le Sauveur a prononcé ces paroles : « Si quelqu'un veut être mon disciple, qu'il » prenne sa croix et qu'il me suive. » — « Si » vous voulez sauver votre âme en ce monde, » il faut la haïr, » c'est-à-dire vous traiter vous-mêmes avec rigueur. C'est à tous, sans exception, que s'adressent ces monitions si austères et l'Évangile a soin d'en faire la mention très expresse[1]. Il n'est donc pas un seul chrétien qui soit autorisé à raisonner de la façon suivante : Je puis demeurer étranger à la loi de la pénitence dont les saints se sont fait à eux-mêmes une si rigoureuse application. Cela ne me regarde pas.

1. S. Luc, IX, 23.

La vérité est que cette loi nous regarde tous, puisque pour la formuler Notre-Seigneur s'est servi à dessein des termes les plus généraux et n'y a introduit aucune exception. Par conséquent, devant l'héroïsme déployé par la Bienheureuse en matière d'humilité, d'obéissance ou de mortification, il ne faut pas faire ce raisonnement : de tels exemples sont hors de toute proportion avec notre vocation et nos capacités ; c'est assez pour nous de les admirer ; il est inutile que nous cherchions à les suivre. Tout au contraire, les vrais chrétiens se tiendront à eux-mêmes ce langage : Voilà une fille qui, au physique et au moral, était née avec un tempérament délicat et impressionnable. De plus, par un dessein particulier, Jésus-Christ avait développé en elle ces dispositions natives, afin de multiplier les causes de ses souffrances et de leur donner plus d'intensité. Naturellement, elle n'aimait pas plus que nous à être humiliée ou mortifiée, soit dans son corps, soit dans son âme. Mais elle avait résolu de prendre au sérieux sa vocation au christianisme et de reproduire en elle l'image vivante du Sauveur crucifié. Dans la mesure compatible avec l'état de vie où la volonté de Dieu nous a placés et des grâces qu'il daigne nous faire, nous aussi, bien que nous n'ayons pas été appelés à nous renfermer derrière la clôture d'un monastère, nous devons nous préoccuper d'acquérir et de pratiquer les vertus dont l'Évangile impose l'obligation à tous les chrétiens, et leur faire une place dans notre existence. Il ne nous suffira pas de nous mettre en garde contre l'orgueil, nous nous croirons obligés d'être humbles. Au lieu de voir dans les humiliations qui nous arrivent des malheurs auxquels il faut nous soustraire à tout prix, nous les considérerons dans la lumière de la foi comme des grâces très précieuses. Il résultera de là que nous n'aurons jamais aucun ressentiment contre les personnes dont Dieu aura jugé à propos de se servir pour nous infliger ces humiliations pénibles. Non seulement nous ne leur en saurons aucun mauvais gré, mais marchant sur les traces de Marguerite-Marie qui, sur ce point, soit dans le monde, soit dans le cloître, nous a laissé les exemples les plus admirables, nous nous estimerons les obligés de ces personnes et nous les tiendrons comme les vraies bienfaitrices et amies de nos âmes.

La question si pratique de la souffrance ne devra pas être traitée d'une manière différente.

Assurément, il faut déjà être fixé dans une sainteté consommée pour avoir de la souffrance l'estime, le besoin, le désir intense que la Bienheureuse ne cessait d'éprouver et d'exprimer. Toutefois, et sans atteindre jusqu'à une telle hauteur, il importe singulièrement d'envisager et de comprendre les épreuves et les peines de la vie « avec les yeux illuminés de la foi. »[1]

Or, la souffrance n'est compréhensible et supportable que dans sa relation avec le mystère fondamental de notre salut : à savoir la rédemption des hommes par le sacrifice de Jésus-Christ. En dehors de cela, elle n'est pour la nature blessée ou bien qu'un non-sens et une injustice qui la provoquent à se révolter, ou simplement la conséquence de ces lois générales de la nature auxquelles il est raisonnable de se soumettre, mais que nous ne sommes pas obligés de comprendre et encore bien moins d'aimer.

Pour l'âme éclairée par la lumière surnaturelle de l'Évangile, il n'en va pas de la sorte. La souffrance peut ne rien perdre de son âpreté, parce qu'elle est contraire à nos instincts innés de bonheur. Mais elle cesse d'être une énigme et un scandale, parce que Jésus-Christ a voulu

1. Illuminatos oculos fidei vestræ. (Eph. I, 18).

y être assujetti avant nous et qu'il a daigné nous en révéler le sens, la portée et la valeur infinie.

Laissons aux saints, si nous ne nous sentons pas le courage de les imiter jusqu'au bout, cette faim et cette soif de la souffrance qui témoignent de la vivacité de leur foi et de l'intensité de leur amour pour Jésus crucifié. Mais laissons encore davantage aux mondains cette appréhension, cette terreur, cette horreur de la souffrance qui font un contraste par trop scandaleux avec notre qualité de chrétiens baptisés et de membres de Jésus-Christ. Heureux si, au lieu de nous tenir purement passifs sous ses coups inévitables, nous avions parfois le courage d'aller au-devant d'elle et de lui faire au moins de temps en temps une place dans notre vie par la pratique de la mortification volontaire, afin de mériter d'être du nombre de ceux dont saint Paul a dit qu' « appartenant » à Jésus-Christ, ils ont crucifié leur chair » avec ses vices et ses concupiscences. »[1]

Vous le voyez, Nos Très Chers Frères, ni les voies extraordinaires dans lesquelles Marguerite-Marie a été engagée depuis son enfance jusqu'à sa mort, ni les grâces exceptionnelles

1. Gal. v, 24.

dont elle a été comblée ne s'opposent à ce que nous tirions de ses exemples le plus sérieux profit pour notre avancement dans la vie chrétienne.

Toutefois, après avoir étudié en elles-mêmes, et à cause de l'édification que nous en pouvons retirer, les vertus de notre vierge charollaise, il importe de les considérer dans leur relation logique et surnaturelle avec la mission providentielle qui lui a été confiée.

*
* *

De quelle façon nous pouvons et devons coopérer à l'apostolat dont Marguerite-Marie a été chargée à l'égard du Cœur de N.-S. Jésus-Christ.

Sans doute, l'humilité, l'obéissance, la mortification de Marguerite-Marie, sa constante union à Notre-Seigneur par la prière et par la charité ont fait d'elle une sainte digne d'être proposée à la vénération et à l'imitation du peuple fidèle.

Mais n'oublions pas que, dans le plan de Dieu, elles ont encore été la pierre de touche de toutes les opérations surnaturelles accomplies en elle et une des preuves les plus solides de l'authenticité et de la véracité de ses révélations.

En définitive, les dons qui lui ont été départis, la perfection à laquelle ils l'ont élevée, l'enchaînement des grâces répandues sur elle à profusion, tout, dans sa vie, converge très visiblement vers l'œuvre dont elle devait être chargée et qui consistait à faire décerner par l'Église universelle un culte public au Cœur de Notre-Seigneur Jésus-Christ. [1]

Or, ce n'est pas seulement sur la terre que les serviteurs de Dieu coopèrent à la réalisation de ses desseins. Le ciel, il est vrai, leur

1. Cela est dit en propres termes dans le décret de béatification rendu le 9 août 1864 par S. S. le Pape Pie IX :

« Qui ne serait excité, y est-il dit, à rendre les » hommages les plus empressés à ce cœur sacré du » Sauveur, dont la blessure a répandu l'eau et le sang, » source de notre vie et de notre salut ?

» C'est pour établir cette pieuse pratique, à la fois si » salutaire et si légitime et pour la répandre au loin » parmi les hommes, que Notre-Seigneur a daigné » choisir sa vénérable servante, Marguerite-Marie Ala» coque, religieuse de l'ordre de la Visitation Sainte» Marie, qui, par l'innocence de sa vie et l'exercice » continuel de toutes les vertus, s'est montrée, avec » l'aide de la grâce de Dieu, digne d'un emploi et d'un » ministère si élevé. »

est un repos en même temps qu'une récompense. Mais ce repos n'est pas l'inaction. Les nobles ardeurs qui ont fait la vie des saints ne s'éteignent point en eux par la mort. Au contraire, dégagées des entraves et du poids accablant de la servitude terrestre, ces grandes âmes sentent redoubler en elles le désir d'étendre davantage ce règne de vérité, de justice, de sainteté pour lequel elles s'étaient généreusement dépensées pendant leur séjour en ce monde. Elles y emploient leur intercession, et loin de se désintéresser des causes pour lesquelles elles avaient travaillé, combattu et souffert, elles continuent à les servir avec un dévouement qui va s'attiser sans cesse au foyer de l'éternelle charité.

Au temps de son pèlerinage parmi les hommes, toute la religion de Marguerite-Marie s'était concentrée sur ce culte du Cœur de Jésus-Christ où elle avait appris du Sauveur lui-même à trouver le vivant abrégé et le symbolisme très expressif des ineffables mystères d'amour, de dévouement, de sacrifice renfermés dans le dogme de l'Incarnation. [1]

1. « Le culte du sacré Cœur a deux aspects différents. Le premier nous le montre comme le centre de tout le

Mais depuis qu'elle est entrée « dans les » puissances du Seigneur[1] », que peut-elle désirer autre chose, sinon de voir se communiquer à toutes les âmes ce feu de l'amour divin dont elle avait elle-même senti les flammes dévorantes quand le Cœur de Jésus lui avait été manifesté ?

Dans ce concert éternel qui retentit au ciel autour du trône de l'Agneau[2], il semble en vérité qu'on l'entende répéter sans cesse la parole de son Maître bien-aimé et ne pas se lasser de redire : « Je suis venu apporter » le feu sur la terre, et que veux-je sinon » qu'il s'allume? »[3]

Nous ne saurions donc mieux faire pour honorer Marguerite-Marie à l'occasion de son second centenaire que d'exciter en nous un plus ardent désir de coopérer à l'apostolat dont elle s'est acquittée avec tant de zèle et d'abnégation. Que lui importeraient, en vérité,

dogme ; l'autre, comme la source de la plus fervente dévotion. » (Le cardinal Manning, *les Gloires du sacré Cœur*, préface.)

1. Ps. 70.

2. Apocalypse, v, 11-13, vi, 10-12, xiv, 1-3.

3. Ignem veni mittere in terram, et quid volo nisi ut accendatur ? (Luc. xiii, 49.)

le souvenir, l'admiration, les hommages des âmes chrétiennes si leur foi et leur reconnaissance envers le Cœur de Jésus-Christ ne devaient pas en être accrues ?

Toutefois, puisque saint Paul a cru pouvoir témoigner une sollicitude spéciale aux Israélites ses compatriotes [1], sans manquer en rien aux obligations dont il se sentait redevable à tous les hommes, grecs ou barbares, libres ou esclaves, il est bien permis de penser que notre Bienheureuse souhaite avec une particulière ardeur de voir son diocèse se distinguer entre tous les pays catholiques par l'intensité de sa dévotion au Cœur sacré de Jésus.

Aussi, nous tenant pour assuré d'être l'interprète fidèle de ses sentiments, nous vous redirons, N. T. C. F., les paroles qu'un de nos vénérés prédécesseurs adressait à vos aïeux, il y a cent vingt-cinq ans, lorsqu'il établissait la fête du sacré Cœur [2]. Mgr de Bouillé s'exprimait en ces termes :

1. Rom. IX, 3-5.

2. A la suite du décret rendu par le Pape Clément XIII et du vœu que Marie Leczinska, reine de France, fit exprimer à l'assemblée générale du clergé de France. (Séance du 17 juillet 1765, présidée par Mgr de la Roche-Aymon, archevêque-duc de Reims.)

« La dévotion au Cœur de Jésus a pris
» naissance dans une des villes de notre diocèse.
» C'est donc un bien qui nous appartient à titre
» d'héritage transmis à notre piété par celle de
» nos pères. Nous avons eu la gloire d'en être
» en quelque sorte les auteurs; aspirons à celle
» d'en être les modèles; et à l'honneur d'en
» avoir tracé la leçon, joignons celui d'en
» donner l'exemple. » [1]

Une décision solennelle de Sa Sainteté le Pape Pie IX (1856) a étendu le culte du Cœur de Jésus à l'Église universelle[2]. Néanmoins il n'a pas cessé de nous appartenir à un titre spécial, et ce n'est pas pour nous appauvrir que le reste de la chrétienté s'est enrichi. [3]

1. Une copie de ce Mandement, publié à Autun le 19 septembre 1765, se conserve aux archives de la Visitation de Paray-le-Monial.

2. Le décret pontifical de 1856 fut rendu sur la demande collective des évêques de France réunis à Paris le 17 juin. Nous tenons à honneur de rappeler que l'initiative de la proposition fut prise par Mgr de Marguerye, évêque d'Autun. Ce fut le cardinal de Bonald, archevêque de Lyon, qui remit le *postulatum* au légat du Pape, S. E. le cardinal Patrizzi, venu à Paris pour le baptême du Prince impérial.

3. Un récent décret de Sa Sainteté le Pape Léon XIII a élevé au rite double de 1re classe la fête du sacré Cœur. (Décret du 28 juin 1889.) Le diocèse d'Autun conserve de plus le privilège de célébrer l'octave de cette fête.

Prêtres et fidèles du diocèse d'Autun, il y a donc pour nous une très particulière obligation de seconder les intentions divines qui ont présidé à la révélation du Cœur de Notre-Seigneur Jésus-Christ, et de correspondre à la grâce qui nous a été faite d'avoir été choisis dans toute l'Église pour être comme les dépositaires et les gardiens de cet inappréciable trésor.

*
* *

En quoi consiste précisément le culte rendu par l'Église au Cœur de Notre-Seigneur Jésus-Christ. — Principaux aspects sous lesquels ce culte peut être envisagé.

Avant toutes choses, il importe que nous sachions d'une façon très exacte en quoi consiste ce don de Dieu dont un éminent théologien[1] a pu dire qu'il est comme « la clef » du mystère de l'Incarnation; et « un livre de lumière où » sont écrits, au dedans et au dehors, la » connaissance et l'amour de Dieu. »[2]

1. Le cardinal Manning, *les Gloires du sacré Cœur*, p. 71 et suivantes de la traduction française.

2. Et vidi, et ecce manus missa ad me, in qua erat involutus liber; et expandit illum coram me, qui erat

Or, l'Incarnation, ce n'est pas la transformation de la divinité dans la chair de l'homme, ni la conversion de cette chair en la divinité. C'est, suivant la très exacte formule du symbole de saint Athanase, « l'assomption de la » nature humaine en Dieu : » *Assumptio humanitatis in Deum.*

L'Incarnation n'est pas non plus la confusion et le mélange de deux natures en une seule. C'est l'assomption de la nature humaine dans l'unité de la divine personne du Fils éternel de Dieu, lequel, en s'incarnant, a pris la nature de l'homme, c'est-à-dire une âme humaine comme la nôtre et un corps humain comme le nôtre, soumis à toutes les infirmités, hormis le péché. Par la vertu de cette unité de personne dans le Verbe fait chair, la vie de la nature humaine devient toute divine; et ainsi, « les yeux qui » virent les hommes pendant que Jésus demeu- » rait parmi eux étaient les yeux de Dieu; les » pieds et les mains qui furent cloués à la croix » étaient les pieds et les mains de Dieu; le » sang qui fut répandu pour la rédemption du

scriptus intus et foris; et scriptæ erant in eo lamentationes et carmen, et væ. (Ezech. II, 9.)

Quelques lignes plus bas, le Seigneur ordonne au prophète de se nourrir de ce livre : *Aperui os meum et cibavit me volumine illo.* (Id. IV, 1, 2.)

» monde était le sang de Dieu; et le cœur qui
» fut transpercé d'une lance sur la croix était
» le cœur de Dieu, — parce que dans l'huma-
» nité entière, prise par le Verbe, demeurait le
» Fils éternel de Dieu dans toute la plénitude
» de sa divinité. »[1]

Il ne s'agit donc nullement, comme l'ont prétendu les jansénistes, dont la calomnieuse erreur a été condamnée par la bulle *Auctorem fidei*[2], de proposer à l'adoration des fidèles un cœur de chair séparé de l'humanité et de la divinité de Jésus-Christ; ni non plus d'adorer ce cœur de chair comme sujet ou organe des sentiments de la douleur et de l'amour.

Ce n'est pas non plus au cœur de Jésus considéré métaphoriquement, c'est-à-dire comme étant une image purement abstraite et sans réalité extérieure de l'amour de Jésus-Christ pour nous, que l'Église nous demande d'offrir nos hommages.

Au résumé, le culte théologique et liturgique

1. In ipso Jesu Christo inhabitat omnis plenitudo divinitatis corporaliter. (Col II, 9.) Les lignes entre guillemets sont empruntées à l'ouvrage du cardinal Manning.

2. Fideles Cor Jesu adorant ut est Cor Jesu, Cor nempe personæ Verbi, cui inseparabiliter unitum est. (Bulle *Auctorem fidei*. Prop. 63.)

du Cœur de Notre-Seigneur Jésus-Christ comprend les éléments suivants :

Avant tout, l'amour infini du Verbe incarné qui en est comme la substance, ainsi que s'exprime le Pape Pie VI.[1]

Puis, un objet matériel et sensible, à savoir le cœur de chair, mais considéré comme faisant partie de l'humanité vivante de Jésus-Christ, par conséquent uni tout à la fois à son âme humaine et à sa divinité;

Enfin, ce même Cœur, pris pour symbole des affections de l'âme de Jésus-Christ et des sentiments du Verbe de Dieu.

Le P. Croiset, qui avait vu la Bienheureuse et conversé avec elle, résumait très bien ces données de la théologie qui découlent directement du dogme de l'Incarnation, lorsque, dans son livre publié en 1691, il disait : « L'objet et le motif principal de cette dévotion » est l'amour immense que Jésus-Christ a » pour les hommes. Mais parce que nous » avons toujours besoin, dans l'exercice des

1. Substantia illius devotionis ab omni certe superstitiosa materialitate immunis, revera spectat ut symbolica cordis imagine immensam caritatem effusumque amorem divini Redemptoris nostri meditemur atque veneremur. (Epist. ad Scip. de Ricci, 29 Jun. 1781.)

» dévotions même les plus spirituelles, de » certains objets matériels et sensibles qui » nous frappent davantage, nous en renou- » vellent le souvenir et nous en facilitent la » pratique, on a choisi le sacré Cœur de Jésus » (le cœur faisant partie de son humanité » vivante et uni à la divinité) comme l'objet » sensible le plus digne de nos respects. »[1]

Avec une prudence véritablement inspirée par l'Esprit-Saint, l'Église n'a pas voulu se prononcer sur la question de savoir si le cœur est physiologiquement l'organe de l'amour. Mais n'est-ce pas une vérité d'expérience, confirmée par le témoignage de tous les idiomes et de toutes les littératures, que le cœur subit l'influence de certaines émotions douces ou pénibles dont l'âme est le principe et le cerveau le premier moteur? Suivant la nature de ces émotions d'ordre tout moral, comme la crainte, le désir, la joie, l'affliction, le cœur se resserre ou se dilate; ses mouvements deviennent plus lents ou plus accélérés. Il est donc vraiment, suivant l'expression d'un des maîtres les plus illustres de la science « un instrument

1. *La Dévotion au sacré Cœur de Notre-Seigneur Jésus-Christ*, pages 3, 4, 5.

» qui concourt à l'expression de nos sentiments. »[1]

Ainsi, l'on ne saurait mettre en doute que le Cœur de Notre-Seigneur n'ait ressenti, même physiquement, le contre-coup des sentiments qu'il exprimait, soit lorsqu'il pleurait sur Lazare mort et sur Jérusalem endurcie; soit lorsqu'il manifestait son ardent désir de manger avec ses disciples la pâque dans laquelle il devait préluder à son sacrifice et instituer le vivant et perpétuel mémorial de son amour dans la sainte Eucharistie.

Ajoutons encore que si le sang ne se forme pas au cœur, c'est cependant la fonction spéciale du cœur de le renvoyer, rajeuni et renouvelé par son contact avec l'air, à toutes les parties de l'organisme. Le cœur est donc vraiment le foyer où s'alimente sans cesse la vie et c'est du cœur de Jésus que partit ce sang dont l'effusion sur la croix opéra le salut de l'humanité.

1. Claude Bernard, conférence sur le cœur, cité par M. l'abbé Riche, dans ses très intéressantes études sur les fonctions cardiaques et les merveilles du cœur. Un autre illustre naturaliste a dit : « Toute impression, » toute sensation un peu vive retentit sur le cœur dont » elle change et le rhythme et l'énergie contractile. » (Magendie).

Que si l'on demandait en quoi le culte du Cœur de Jésus-Christ diffère du culte du très saint Sacrement, nous répondrions avec le théologien Ferdinand Tetami, cité avec éloge dans une séance de la sacrée Congrégation des Rites : « La fête du saint Sacrement » s'attache à la vérité de la présence réelle de » Jésus-Christ dans le sacrement de l'autel, » et la fête du sacré Cœur s'attache au mys- » tère de l'amour de Notre-Seigneur montré » symboliquement par le cœur matériel lui- même[1]. » On pourrait encore ajouter que la fête du sacré Cœur comprend parmi ses éléments divinement révélés des pratiques dont le but est de compenser les outrages faits à Jésus-Christ dans le sacrement de son amour.[2]

L'objet principal du culte du sacré Cœur est donc l'amour infini de Jésus; l'objet matériel est son cœur de chair, et l'objet formel,

1. Cité dans le précieux recueil du docteur Nicolas Nilles, professeur de droit canon à l'Université d'Inspruck. (De rationibus festorum sacratissimi Cordis Jesu et purissimi Cordis Mariæ.) Inspruck, 1875, p. 433.

2. Voir le P. de Galliffet, l. I, ch. 5 et le livre très substantiel et précis de M. l'abbé Thomas, docteur de Sorbonne, actuellement curé de Notre-Dame de Dijon, *la Théorie de la dévotion au sacré Cœur de Jésus*. Chapitre I, p. 188 et suivantes.

comme parlent les théologiens, est le symbole d'amour qui est présenté par ce même cœur, vivant et substantiellement uni à la personne du Verbe incarné.

Ajoutons que l'étude des révélations faites à la Bienheureuse met très bien en relief les deux principaux motifs pour lesquels Notre-Seigneur a demandé que son Cœur fût honoré par un culte public.

Il a réclamé de Marguerite-Marie, et il l'a chargée de réclamer pour ce Cœur un tribut de reconnaissance et un tribut de réparation; de *reconnaissance*, à cause des témoignages d'insigne charité que son Cœur exprime et symbolise d'une manière admirable; de *réparation*, parce qu'un trop grand nombre de chrétiens ne répondent que par une coupable ingratitude aux principaux bienfaits dont le Cœur de Jésus est le mémorial toujours vivant, à savoir l'Incarnation du Fils de Dieu, les souffrances qu'il a endurées depuis sa naissance jusqu'à sa passion et à sa mort cruelle sur la croix, et enfin le don qu'il nous a fait de tout lui-même, corps et âme, humanité et divinité, dans l'ineffable sacrement de l'Eucharistie.[1]

1. « La fête du sacré Cœur n'a point pour objet un » mystère particulier dont les jours solennels établis par » l'Église n'aient pas fait mémoire; cette fête est le

C'est bien à tous ces titres que notre divin Sauveur a réclamé de Marguerite-Marie et, par elle, de tous les chrétiens, des réparations et des actions de grâces. Les unes intéressent seulement la dévotion privée et consistent principalement dans la communion des premiers vendredis de chaque mois et dans la pratique de l'heure sainte durant la nuit du jeudi au vendredi. Les autres doivent être l'expression publique de la foi reconnaissante et compatissante de l'Église à laquelle Notre-Seigneur a fait demander, par la Visitandine de Paray, l'établissement d'une solennité spéciale dont il a lui-même fixé la célébration au lendemain de l'octave de la fête du très saint Sacrement.

Fidèlement répétées par celle qui les avait entendues dans le secret de ses extases et de ses mystérieux colloques avec son divin Maître, ces prescriptions sont entrées dans l'économie officielle de la liturgie et dans les habitudes de

» résumé des autres où l'on célèbre divers mystères et » l'on honore la mémoire de cette immense charité par » laquelle le Verbe s'est fait chair pour notre rédemp- » tion et notre salut, a institué le sacrement de l'autel, » a porté nos péchés et s'est offert en mourant sur la » croix à Dieu son Père comme victime et sacrifice. » (Décret de la sacrée Congrégation des Rites de 1821. Gardellini. *Decreta*, n° 4,549.)

la piété catholique, et, depuis deux siècles, un très grand nombre d'âmes ont donné satisfaction aux désirs exprimés par Notre-Seigneur.

*
* *

Progrès de la dévotion privée et commencement du culte public. — Réponse à l'accusation d'innovation formulée contre lui.

Déjà même, nous l'avons dit, avant d'avoir terminé sa course terrestre, la confidente des révélations du Sauveur avait eu la consolation ineffable de voir les commencements de la dévotion dont l'apostolat lui avait été confié. La correspondance de ses dernières années donne à cet égard les témoignages les plus décisifs et les plus consolants.

La Mère Greyfié qui, pendant le temps de sa supériorité à Paray, semblait n'avoir jamais accueilli qu'avec défiance les révélations dont Marguerite-Marie lui apportait humblement les confidences, se fit la propagatrice très zélée du culte du sacré Cœur dans le monastère de Semur-en-Auxois, qu'elle avait été appelée à gouverner.

La Mère de Saumaise agissait de même à Dijon, et une religieuse de ce monastère, la Sœur Madeleine Joly, composait un livre dont elle soumettait le manuscrit à Marguerite-Marie dans le courant de l'année 1686[1]. Déjà même, la Visitation de Dijon prenait l'initiative d'adresser une demande au Saint-Siège pour solliciter l'approbation d'une messe et d'un office propres en l'honneur du Cœur de Jésus.

A Lyon, à Marseille, dans le courant de l'année 1689, grâce au zèle des RR. PP. Jésuites, dignes émules des Pères de la Colombière et Croiset, les pratiques de piété et particulièrement les communions des premiers vendredis du mois se multipliaient comme «par miracles»[2]

La supérieure du premier monastère de la Visitation de Lyon, la Mère Marie-Éléonore d'Apchon de Poncins, qui avait coopéré à la fondation de la communauté de Varsovie, envoyait en Pologne, où il devenait une semence féconde, le petit livre du Père Croiset dont on devait bientôt donner une traduction italienne.

La solennité publique, il est vrai, a été plus

1. L'année suivante (1687), la supérieure de Moulins, la Mère Louise-Henriette de Soudeilles, faisait imprimer dans cette ville le livre de la Sœur Joly.

2. Lettre de la Bienheureuse du 22 octobre 1689.

longue à établir. Ces lenteurs prouvent avec quelle sagesse et quelle maturité l'Église procède en ces matières délicates, et de quelles sévères précautions elle s'entoure pour ne pas donner crédit à de prétendues visions qui n'auraient rien de commun avec les manifestations authentiques de l'Esprit de Dieu. Cette conduite si prudente de l'Église enlève toute excuse à ceux qui lui reprochent d'admettre trop aisément des pratiques inconnues de l'antiquité chrétienne.

Il n'y a guères eu de siècle où le grief d'innovation téméraire n'ait été formulé contre l'Église. Selon les ariens, c'était innover que d'introduire dans le symbole de Nicée la formule qui devait confondre leur sacrilège négation de la divinité du Verbe. Nestorius ne tenait pas un autre langage quand les Pères du concile d'Éphèse décernaient à Marie le titre de « Mère de Dieu »; et chaque fois que, soit pour réfuter victorieusement l'erreur, soit pour obéir aux inspirations venues d'en haut, l'Église a déterminé d'une façon plus précise telle vérité de foi, ou déduit telle conséquence pratique des dogmes renfermés dans le dépôt de la Révélation primitive, elle s'est vue poursuivie par les mêmes accusations.

Tels ont été le langage et l'attitude, au

dix-huitième siècle, des jansénistes, dans leur lutte acharnée contre le culte du sacré Cœur; en 1854, des opposants à la définition de l'Immaculée Conception de la sainte Vierge; en 1870, des vieux-catholiques refusant d'accepter le concile du Vatican et de souscrire à la proclamation de l'infaillibilité doctrinale du Pontife romain.

Il ne sera pas inutile de montrer, au moins d'une façon sommaire, comment certaines nouveautés introduites dans le culte ou dans les manifestations de la piété catholique ne sont, si l'on veut bien les comprendre, que des applications logiques des vérités les plus anciennes et des dogmes primitifs et essentiels de la foi.

L'Église, en effet, n'est pas un mécanisme inerte auquel le mouvement ne puisse être communiqué que par l'action d'une force extérieure. Saint Paul nous l'apprend[1] : elle est un organisme destiné à grandir sous l'influence de l'Esprit-Saint qui est son âme et du Verbe incarné son chef, lequel transmet à toutes les parties de son corps mystique la vie surnaturelle et une incessante fécondité.[2]

1. Augmentum corporis facit in ædificationem sui in caritate. (Eph. IX, 16.)

2. Ego veni ut vitam habeant et abundantius habeant. (Joann. X, 10.)

Il résulte de là que, sans rien changer aux principes immuables de sa constitution, elle ne demeure pas immobile et emprisonnée dans des barrières infranchissables. Tout au contraire, elle a reçu de son fondateur une admirable aptitude à se mouvoir et à se développer. D'une part, elle reste identique à elle-même, car les principes sur lesquels elle est fondée sont inébranlables comme la parole de Dieu, dans laquelle il n'y a pas le *oui* et le *non* [1]. D'autre part, suivant la parole célèbre de saint Vincent de Lérins, elle obéit à la loi d'un progrès continuel, ce qui lui permet de se proportionner aux nécessités toujours nouvelles des âmes et des sociétés humaines. Mais, comme l'explique admirablement ce grand docteur, ce progrès n'est pas le changement, c'est une évolution et non une révolution. [2]

1. II, Cor. I, 19.

2. Nullusne ergo in Ecclesia Christi profectus habebitur religionis? Habeatur plane et maximus..... Ita tamen ut vere profectus sit ille fidei non permutatio..... Dogma christianæ religionis, dilatetur tempore, sublimetur ætate, incorruptum tamen illibatumque permaneat. (*S. Vinc. Lirin. Commonitorium*, c. 23.) Saint Vincent de Lérins a écrit cet ouvrage sous le pontificat du pape Sixte III qui a occupé la chaire de saint Pierre de 432 à 440. Voir encore sur cette belle

Si la requête envoyée à Rome en 1687 par la Visitation de Dijon avait pu paraître prématurée[1], il n'en est pas moins vrai que le Pape Innocent XII adressait sept ans plus tard à ce même monastère un Bref accordant pour la fête du sacré Cœur des indulgences étendues à l'ordre tout entier.

En cette même année 1693 était instituée, avec l'approbation de l'Ordinaire, dans l'église de la Visitation de Paray une « confrérie de » l'adoration du sacré Cœur de Jésus. »[2]

Déjà d'ailleurs, avec l'assentiment du Saint-Siège, un certain nombre de diocèses avaient

question du progrès doctrinal, dans sa conciliation avec l'immutabilité du dogme, le beau livre écrit par le cardinal Newman pour exposer les motifs de son retour à l'Église catholique. (*Histoire du développement de la doctrine chrétienne.*)

1. Cette démarche est attestée par les annales du monastère de Dijon (p. 145) et par plusieurs lettres de la Bienheureuse. (Lettres 57e, 60e et 88e, *Vie et Œuvres*, II. 146, 154, 212.) Les religieuses priaient le cardinal Cibo d'obtenir du Saint-Père l'institution de la fête et du culte du sacré Cœur dans l'Eglise universelle.

2. On conserve encore aux archives du monastère quelques feuilles du registre sur lequel furent inscrits les confrères, avec indication du jour et de l'heure qu'ils avaient choisis pour l'adoration. (M. l'abbé Cucherat, *Histoire populaire de la bienheureuse Marguerite-Marie*, 4e édition, p. 200.)

adopté la célébration d'une fête en l'honneur du Cœur sacré de Jésus. Toutefois, ce fut seulement en 1765 que l'autorité suprême de l'Église jugea à propos de donner une sanction liturgique aux vœux qui lui étaient exprimés par plusieurs nations catholiques, mais spécialement par la Pologne [1] et par la France.

*
* *

Union de la Pologne et de la France dans les démarches faites à Rome pour obtenir l'établissement de la fête du sacré Cœur.

Nous ne saurions nous en taire, N. T. C. F.: l'union de ces deux pays dans des démarches qui avaient pour but de glorifier le Cœur de Jésus et de faire écho aux révélations de notre humble Visitandine de Paray [2], nous touche

1. La requête des évêques de Pologne avait été présentée en 1764 par le cardinal Albani, protecteur du royaume de Pologne auprès du Saint-Siège.

2. La Providence semble avoir voulu consacrer cette pieuse et touchante fraternité des deux nations, en permettant qu'un cardinal Polonais, S. Em. le cardinal Ledochowski, ancien archevêque de Posen et Gnesen, signât le Bref du Jubilé accordé à Paray-le-Monial sur la requête de l'évêque d'Autun.

profondément et éveille en notre âme des réminiscences et des émotions mêlées de tristesse et de douceur. Nous ne voulons pas laisser passer l'occasion qu'elles nous donnent de saluer ici une fois de plus les épreuves inénarrables d'un peuple autour duquel, hélas ! les puissances de la terre semblent à dessein faire le silence et l'oubli !

Chère et glorieuse Pologne, vous dont la grande voix de Bossuet proclamait l'existence « nécessaire à l'Eglise, [1] » quels services, si vous aviez gardé votre autonomie, n'eussiez-vous pas rendus à la France, votre sœur aînée, lorsqu'il y a vingt ans elle ployait sous le choc du colosse germanique ! Et que ne feriez-vous pas encore pour le maintien de l'équilibre et de la paix de l'Europe, si, entre deux empires dont la puissance s'exerce au profit du schisme et de l'hérésie, vos tronçons mutilés, de nouveau réunis, constituaient une nation assez forte pour être respectée de ses voisins et capable d'élever dans les conseils de l'Europe une voix autorisée ?

Tristement délaissée à cette heure, sauf par un petit nombre d'amis aussi impuissants, hélas ! à vous secourir qu'ils sont fidèles à

1. Oraison funèbre d'Anne de Gonzague.

vous plaindre et à vous aimer, il nous a semblé trouver votre image dans ce marbre d'une cité pyrénéenne où, au-dessous d'une croix et des monogrammes de Jésus et de Marie, un cœur renversé porte cette devise touchante : « J'attends l'heure ». [1]

Daigne le Cœur de Jésus la faire sonner, l'heure de la délivrance et de la résurrection, pour le peuple héroïque et infortuné qui a montré tant de zèle à promouvoir son culte. Quant à nous, il nous sera doux de proclamer bien haut que la Pologne a un droit particulier à n'être point oubliée dans nos solennités de Paray-le-Monial, puisque là-bas, soit dans l'ancien royaume dont Varsovie était la capitale, soit dans le grand duché de Posnanie et dans les provinces Galliciennes, évêques, princes et fidèles accueillaient avec un si pieux empressement, il y a deux siècles, l'appel de notre cité charollaise, pour convier le monde à honorer par un culte public le Cœur de Jésus. [2]

1. Ouvrage déjà cité de M. l'abbé Thomas, p. 131.

2. Le livre du P. de Galliffet contient entre autres précieux documents deux lettres adressées en 1726 au Pape Benoît XIII par Auguste II, roi de Pologne, et par l'évêque de Cracovie. Dans la lettre du roi se trouvent ces paroles significatives : « Mon royaume est déjà sous

*
* *

Raisons providentielles auxquelles peut se rapporter l'institution d'un culte public en l'honneur du Cœur de Notre-Seigneur Jésus-Christ.

Nos précédentes méditations nous ont déjà permis de nous rapprocher de ce Cœur si élevé et si humble qui appelle à le mieux connaître toutes les âmes de bonne volonté. *Accedet homo ad cor altum*[1]. Toutefois, il faut monter plus haut encore afin d'entrer plus complètement dans l'intelligence des desseins de Dieu au sujet d'une révélation qui, sans rien changer au fond même du christianisme, a vraiment été, suivant la parabole évangélique, le trésor tout à la fois « ancien et nouveau » dont l'inépuisable libéralité de notre Rédempteur a enrichi son Église.

» la protection du Cœur de Jésus, envers lequel moi et
» toute la nation polonaise avons une dévotion parti-
» culière. »

1. Ps. LXIII, 7.

Les merveilles de grâce opérées par Notre-Seigneur en la Bienheureuse Marguerite-Marie choisie pour devenir l'apôtre de son divin Cœur, ont-elles eu pour but unique d'introduire dans la vie catholique une fête de plus et quelques pratiques pieuses inconnues avant la fin du dix-septième siècle ?

Il est permis de penser que ce résultat aurait pu être obtenu sans l'emploi de moyens si visiblement exceptionnels. En effet, l'Église, animée et conduite par l'Esprit de Dieu, est pourvue de pouvoirs suffisants pour régler avec une autorité souveraine toutes les manifestations légitimes de la vie de la foi. Elle a été fondée et elle se soutient miraculeusement à travers les constantes oppositions du monde; mais le miracle ne lui est pas indispensable pour s'acquitter d'un mandat auquel ont été proportionnées d'avance toutes les ressources surnaturelles déposées dans sa constitution.

Si donc, pendant plus de dix-sept ans, de 1673 à 1690, Notre-Seigneur Jésus-Christ a eu recours à des révélations extraordinaires; s'il a tant de fois exprimé les doléances les plus pathétiques sur l'ingratitude du peuple chrétien; s'il a réclamé pour son Cœur, outragé ou méconnu, des réparations et des prières dictées par la reconnaissance, enfin, s'il s'est solennellement engagé à faire jaillir de la blessure toujours ouverte de ce Cœur sacré une nouvelle effusion de grâces, il est bien permis de penser qu'il a eu l'intention explicite de ménager à son Église et aux âmes des secours à la fois plus abondants et plus décisifs dont il prévoyait qu'elles auraient besoin pour affronter les épreuves des temps nouveaux et les traverser victorieusement.

Cette pensée était exprimée avec une grande force il y a onze ans par l'auguste Pontife qui a bien voulu attacher son nom à la célébration solennelle du second centenaire de la mort de notre Bienheureuse.

Dix-neuf mois après son exaltation sur la chaire de saint Pierre, le pape Léon XIII adressait à de pieux pèlerins les paroles suivantes :

« Nous désirons de toute notre âme que la » dévotion véritable au sacré Cœur de Jésus » se propage et se répande largement par » toute la terre.

» Car, sachant combien elle est salutaire et » profitable aux âmes, nous nourrissons la » douce et certaine espérance que de grands » biens découleront de ce Cœur et seront un » remède efficace aux maux qui affligent le » monde.

» Notre confiance s'accroît encore en pen-
» sant que la manifestation de cette dévotion
» a été un nouveau témoignage de la tendre
» charité de Jésus-Christ, lequel veut par ce
» moyen rappeler à Lui le monde qui s'égare,
» le réconcilier avec Dieu et lui faire goûter
» abondamment les fruits de la rédemption.

» Oui, ce fut un dessein miséricordieux et
» digne du plus bienfaisant amour de mettre
» sous les yeux de l'homme orgueilleux,
» détracteur de toute autorité et de tout frein,
» avide sans mesure des biens terrestres et
» des jouissances sensuelles, un Cœur divin
» uniquement animé du sentiment de l'humi-
» lité la plus profonde, doué d'une mansué-
» tude inaltérable, d'une obéissance parfaite,
» d'un détachement sans exemple, d'une
» pureté et d'une sainteté sans égales..........
» Les fruits de salut qui de ce Cœur sacré
» rejailliront sur les âmes seront multiples et
» précieux ; et il sera de nouveau visible que
» le salut des individus comme la vraie pros-
» périté des peuples reposent en Jésus-Christ
» et dérivent de Lui comme d'une source
» bienfaisante. »[1]

1. Allocution de S. S. le Pape Léon XIII aux délégués italiens de l'*Apostolat de la prière*, 23 novembre 1879.

Une fois de plus, N. T. C. F., les paroles du Vicaire de Jésus-Chris tnous tracent la voie sûre où nous allons nous engager après lui. Précédés par un tel guide, ne craignons pas de monter vers les plus hautes pensées de la foi dont nous allons voir s'agrandir devant nous les magnifiques horizons. L'heure est venue où, nous appropriant l'humble langage de saint Paul, nous voulons, nous « le plus » petit et le plus chétif parmi les serviteurs » de Dieu, » essayer de mesurer dans tous les sens les dimensions et proportions de cette divine charité dont le Cœur de Jésus est tout à la fois la touchante manifestation et le symbole très expressif. [1]

(Reproduite intégralement dans le *Pèlerin de Paray-le-Monial*, n° du 15 décembre 1879.)

1. Mihi omnium sanctorum minimo data est gratia hæc in gentibus evangelizare investigabiles divitias Christi....... ut possitis comprehendere cum omnibus sanctis quæ sit latitudo, et longitudo, et sublimitas, et profundum; scire etiam supereminentem scientiæ caritatem Christi. (Eph. III, 8, 18, 19.)

*
* *

Mal fait aux âmes par le jansénisme et par la réaction qu'il a provoquée contre le christianisme.

A l'époque où la Sœur Marguerite-Marie était investie par le Sauveur d'une mission révélatrice et d'un véritable apostolat à l'égard du Cœur qui a tant aimé les hommes, une hérésie perfide travaillait depuis longtemps déjà et avec un succès déplorable à tarir parmi les catholiques les sources de la vie surnaturelle et de la vraie piété. [1]

Le jansénisme faisait par lui-même beaucoup de mal au christianisme véritable, parce qu'il substituait la notion d'un Dieu terrible

1. Le fameux livre de Jansénius, évêque d'Ypres, l'*Augustinus*, parut en 1640, à Louvain. L'auteur était mort depuis près de deux ans quand son ouvrage fut publié. On ne saurait le rendre responsable des excès commis par la secte à laquelle, sans le savoir, il a donné son nom. Ce livre renfermait des erreurs ; mais, avant de mourir, Jansénius l'avait très humblement soumis au jugement du Saint-Siège. (Rohrbacher. *Histoire de l'Eglise*, t. XXV, p. 459.) Ce fut le Pape Urbain VIII qui porta la première condamnation contre les thèses doctrinales soutenues dans l'*Augustinus*. (Bulle du 6 mars 1642.)

et toujours menaçant à ce Dieu de l'Évangile lequel, mu par une charité infinie, a donné aux hommes son « Fils unique » venu parmi eux et mort pour eux, afin non seulement de les sauver, mais de les rendre participants de sa propre vie.

Le jansénisme devait être plus funeste encore en provoquant par ses doctrines sombres et exagérées une réaction formidable contre les principes mêmes de la révélation chrétienne.

Tel est, en effet, le désolant spectacle présenté par le dix-huitième siècle aux regards de l'observateur qui suit avec attention les courants d'idées entre lesquels il se partage.

Une secte étroite, orgueilleuse, entêtée, terrorise les âmes qu'elle a entraînées dans l'erreur et donne l'exemple d'une désobéissance scandaleuse à l'autorité suprême de l'Église et aux jugements des pasteurs légitimes.

Le christianisme, telle qu'elle le comprend et le présente aux hommes, devient insupportable à un grand nombre de ceux qui ne demandent que des prétextes pour s'émanciper. On a voulu leur imposer une religion sans miséricorde et incompatible avec l'humaine faiblesse, ils rejettent toute religion. La doctrine authentique de Jésus-Christ porte la peine des exagérations inventées par des sectaires qui n'ont rien compris à la loi d'amour. Aussi, du jansénisme intransigeant au philosophisme incrédule et libertin, la distance sera vite franchie. Bientôt, en face des lugubres théologiens qui ne prêtent au Dieu de l'Évangile que des paroles sévères et de terrifiants anathèmes, va s'organiser une coalition puissante qui enrôlera sous son drapeau toutes les forces de l'esprit humain et les lancera dans une guerre à outrance contre la révélation chrétienne. Exégèse, critique, histoire, sciences naturelles, astronomie, poésie, roman, théâtre : tout sera mis en œuvre pour débarrasser le monde d'une religion qui traite le cœur de l'homme avec une si révoltante dureté.

Les conséquences philosophiques et sociales de cette formidable insurrection contre la religion de Jésus-Christ sont loin d'être épuisées. Elles continuent à se dérouler sous nos regards contre les doctrines, les institutions, les œuvres dont nous sommes les apôtres ou les champions.

Elles forment l'appoint le plus considérable des malaises qui troublent si profondément la conscience contemporaine et se traduisent à chaque instant par les plus douloureux conflits.

D'ailleurs, l'erreur a sa logique comme la vérité. Elle a suivi dans le monde, et particulièrement en France, une marche progressive dont on peut aisément marquer les étapes dans l'histoire des esprits.

Il ne s'agissait d'abord que de protester contre le Christ fantaisiste et arbitraire inventé par des docteurs qui, sous prétexte de maintenir dans son intégrité le dépôt de la foi, se plaisaient à vilipender la raison et à lui contester l'exercice de ses droits les plus certains.[1]

Bientôt ce fut le vrai Christ de l'Évangile qui fut attaqué, persiflé, honni, à l'égal des pires imposteurs.

Les sages s'applaudissaient d'avoir délivré le monde du joug superstitieux des religions révélées. Ils prophétisaient fièrement la venue d'un siècle où, débarrassé des langes de son enfance, l'esprit humain serait à jamais fixé dans le culte simple, bienfaisant, accessible à tous, du Dieu qui a pour temple la nature, pour prêtres tous les hommes « droits et

1. Thèses de Baïus et de Jansénius, maintes fois condamnées par les Papes.

sensibles », pour théologie les axiomes universels de la raison.

Ces émancipateurs s'imaginaient d'ailleurs naïvement avoir fermé définitivement l'ère des querelles doctrinales, et doté les hommes d'une paix imperturbable.

En effet, dès qu'il n'y avait plus de Christ, ni d'Église, ni de sacerdoce, ni de symbole, de quelle autorité religieuse pourrait-on désormais être tenté de demander la déchéance?

La logique a répondu : De ce Dieu même de la raison naturelle que des novateurs plus entreprenants s'apprêtent à traiter exactement de la même façon que leurs devanciers avaient traité le Christ de l'Évangile et de l'Église catholique.

Ils sont à l'œuvre maintenant, aussi acharnés contre la notion d'un Dieu personnel, régulateur suprême des consciences, principe et sanction de la morale, que l'avaient été les philosophes du dix-huitième siècle contre le Dieu de la révélation et toutes les exigences d'une religion positive.

Mais les erreurs doctrinales ne marchent pas seules; et, dans leur développement, elles entraînent après elles des conséquences pratiques qui tendent à se faire chaque jour une plus grande place dans le domaine des faits.

*
* *

Conséquences individuelles et sociales des erreurs antireligieuses.

S'il est démontré par la science que Dieu n'est plus qu'un mot, la liberté une chimère, la responsabilité un non-sens, que reste-t-il, sinon que chacun s'arrange pour tirer le meilleur parti possible des combinaisons inconscientes de la nature et des forces aveugles qui gouvernent le monde?

L'humanité de la fin du dix-neuvième siècle, si fière de ses progrès, se trouve ainsi ramenée à cette lutte brutale pour l'existence que les naturalistes déclarent être la loi organique du monde animal. Déjà même, un mot de fabrique récente, assorti à cette théorie barbare, a été trouvé pour désigner cet homme des temps nouveaux dont l'unique mobile est d'être plus habile et plus fort que ses congénères.

Le roman et le théâtre ont déjà mis en scène ce *lutteur pour la vie*[1], type idéal de

1. On a même essayé d'importer chez nous un mot emprunté au vocabulaire scientifique de Darwin et de forger ce barbarisme anglo-français le « *struggle for lifeur* ».

l'homme tel que l'a fait la science matérialiste et athée, fille du philosophisme antichrétien.

Quand ce personnage égoïste, délivré, comme il le dit, de tout préjugé, de toute illusion, de tout remords, a reçu le vernis d'une certaine éducation, il peut se croire obligé de compter avec les convenances sociales. Il s'arrange alors (c'est peut-être le dernier de ses préjugés) pour concilier avec elles la satisfaction de ses appétits et cette soif de la jouissance immédiate qui est dans la logique de cette philosophie des instincts et des passions. Encore esclave des habitudes que l'éducation donne à l'homme de bonne compagnie, il saura dissimuler sous une correction extérieure la plus radicale et systématique immoralité, d'ailleurs très conséquente avec elle-même lorsqu'elle rejette comme antiscientifique la distinction traditionnelle du bien et du mal, déclarée incompatible avec la fatalité des lois générales de la nature.

Mais ces désolantes et dégradantes doctrines ne demeurent pas confinées dans une aristocratie intellectuelle et sociale où elles peuvent s'allier agréablement avec le dilettantisme épicurien que de violentes commotions troubleraient dans ses plaisirs. Au-dessous de ces habiles et de ces heureux qui ont su se faire la meilleure part dans les hautes situations de la politique, de la finance, de la littérature, de la presse, du théâtre, il y a des millions de déshérités qui ne se résignent pas à être exclus des avantages dont jouissent les premiers.

Ceux-ci gardent des ménagements à l'égard des conventions et des combinaisons sur lesquelles repose l'ordre public, parce qu'ils sont au premier rang pour les exploiter à leur profit.

Mais les autres n'ont rien à gagner aux demi-mesures et aux atermoiements. On leur a persuadé qu'il n'y a plus « ni Dieu ni maître »; que la croyance en une âme immortelle, avec toutes les conséquences qui en découlent, est une légende ridicule à proscrire de la première éducation de l'enfance; que la seule loi constatée par la méthode expérimentale est la loi du plus fort, loi qu'il faut appliquer sans retard aux difficultés de l'heure présente, parce que le lendemain n'appartient à personne et que, si les calculs savent attendre, les besoins ne le peuvent pas. Donc, avant d'aller pourrir dans le charnier commun, la « bête humaine » que le hasard de la naissance a rangée dans la partie la plus besogneuse du troupeau, est autorisée par ses instincts à se ruer sur le banquet de l'existence pour s'y saisir des gros morceaux. Telle est, dans sa hideuse simplicité, la science sociale qui se charge de tirer les conséquences pratiques du positivisme scientifique de notre temps.

Or, il ne faut pas l'oublier, ceux qui raisonnent de la sorte souffrent et ils sont les plus pressés ; ils s'organisent, et ils ne sont pas les moins intelligents ; ils se comptent, et ils sont de beaucoup les plus nombreux. Sans doute, ils pourraient différer leurs revendications jusqu'à l'heure peu éloignée où le mécanisme des scrutins et la loi des majorités feront passer entre leurs mains le pouvoir politique, l'influence, le crédit, avec tous les avantages qui en découlent. Mais ce lendemain si proche paraît encore trop éloigné aux impatients. Ce n'est pas plus tard, c'est tout de suite qu'il faut jouir. Que si l'on prétend retarder leur victoire ou leur en disputer le prix, ils seront terribles dans la vengeance et feront cruellement expier aux vaincus les inégalités, les injustices, les privations, les affronts de toute sorte, dont ils souffrent depuis tant de siècles. Déracinez de la conscience de l'homme du peuple la foi au Christ consolateur, et vous ne lui laissez plus d'autre alternative qu'un pessimisme sans espérance dont le suicide est la conclusion logique, ou la résolution hardie de se créer dès maintenant le Paradis que les mystiques ajournent après la mort.

Hélas! comment exprimer les souffrances cruelles qui font presque toujours cortège à ces monstrueuses aberrations? Cheminer à travers les obscurités et les duretés de la vie sans être soutenu par une espérance, sans entrevoir une issue, sans pouvoir rattacher à une cause digne d'elles les luttes mystérieuses de la conscience sollicitée en sens divers par le devoir et la passion! Avoir une âme qui porte en elle-même d'invincibles instincts d'immortalité, et sentir qu'elle étouffe sans air et sans lumière, sous le poids de misérables sophismes dont une ignorance souvent invincible ne permet pas de secouer le joug : tel est l'état auquel se trouvent réduites ces multitudes qui s'agitent, travaillent, souffrent, se désespèrent et meurent autour de nous.

Or, n'est-ce pas la prescience de ces évolutions de l'erreur et du mal qui a ému si profondément la miséricorde infinie du Sauveur, à l'aurore de ces temps nouveaux où, sous prétexte de progrès scientifique et d'émancipation politique et sociale, tant d'hommes devaient devenir la proie des négations les plus ténébreuses? Une fois de plus, de son Cœur très compatissant, Jésus-Christ a laissé échapper ce cri pathétique : « J'ai pitié de ces » foules : *Misereor super turbam!* »[1]

Mais comment les ramener à la religion qui seule explique la vie, transfigure la mort et rend l'homme, « roseau pensant », capable de vaincre « l'univers qui l'écrase? »[2]

Recueillons-nous encore une fois, N. T. C. F., dans le silence pénétrant du sanctuaire où priait il y a deux siècles une fille de notre peuple! Regardons son visage qui trahit l'adoration et l'extase; prêtons l'oreille à la conversation engagée entre elle et un invisible interlocuteur. Ecoutons le message qu'elle est chargée de nous transmettre : « Voilà ce Cœur qui a tant aimé les hommes! »

Qu'est-ce à dire, et qu'y a-t-il dans cette révélation?

Il y a, dirons-nous avec Bossuet, qui va nous servir de guide, l'abrégé substantiel de tout le christianisme et le moyen le plus saisissant de le faire comprendre et aimer par ces foules qui s'égarent.

1. Marc. VIII, 2. — 2. Pascal.

*
* *

Dans le Cœur de Jésus, vivant symbole de son amour infini pour les hommes, se trouvent résumées toutes les vérités essentielles de la révélation chrétienne.

Arrêtons-nous un instant avec le grand évêque à contempler saint Jean, l'apôtre bien-aimé, à ce moment de la cène où il reposait amicalement sur le Cœur de son Maître. Il est impossible d'expliquer en un plus beau langage le dessein miséricordieux qui a présidé aux communications de notre béni Sauveur avec son humble servante, la Visitandine de Paray :

« Il ne suffit pas au Sauveur de répandre » ses dons sur saint Jean : il veut lui donner » jusqu'à la source. Tous les dons viennent » de l'amour : il lui a donné son amour. » C'est au cœur que l'amour prend son » origine : il lui donne encore le cœur et » le met en possession du fonds dont il lui a » déjà donné tous les fruits.

» Viens, dit-il, ô mon cher disciple. Je t'ai » choisi devant tous les temps pour être le

» docteur de la charité. Viens-la boire jusque » dans sa source. Approche de ce Cœur qui » ne respire que l'amour des hommes; et, » pour mieux parler de mon amour, viens sentir » de près les ardeurs qui me consument..... »

Un peu plus loin, Bossuet ajoutait des paroles qui sont encore plus explicites, s'il est possible. Quelles n'eussent pas été la sécurité et la consolation de notre chère Visitandine, à l'époque où l'accomplissement de son divin mandat se heurtait à tant d'obstacles, si elle avait pu savoir en quels termes s'exprimait au sujet du Cœur de Jésus un des plus éminents docteurs du dix-septième siècle!

« Tous les écrits de saint Jean ne tendent » qu'à expliquer le Cœur de Jésus. En ce » cœur est l'abrégé de tous les mystères du » christianisme : mystères de charité dont » l'origine est au cœur; un cœur, s'il se peut » dire, tout pétri d'amour; toutes les palpi- » tations, tous les battements de ce cœur, » c'est la charité qui les produit.....

» Voilà quel est le cœur de Jésus. Voilà » quel est le mystère du christianisme. C'est » pourquoi l'abrégé de la foi est renfermé » dans ces paroles : « Pour nous, nous avons » cru à l'amour que Dieu a pour nous. » *Nos credidimus charitati quam habet Deus in nobis.* (I Joann. IV, 16.)

Ne sont-elles pas admirables ces intuitions du génie[1], par lesquelles se trouve justifié et appuyé aux fondements sacrés et les plus

1. Nous avons reçu tout récemment la bienveillante communication d'un passage extrait des mémoires inédits de M. Olier, fondateur de la Société de Saint-Sulpice, mort en 1657. Voici en quels termes ce prêtre, dont les écrits révèlent la science la plus profonde unie à une éminente vertu, s'exprime sur le mystère dont l'ineffable secret ne devait être révélé au monde que plusieurs années après sa mort :

« Que dire de la gloire que la grandeur de Dieu reçoit » du Cœur de Jésus-Christ tout seul qui rend plus de » respects et de louanges à Dieu que tous les saints » ensemble, puisque tous les anges et tous les saints ne » sont faits que pour exprimer les sentiments intérieurs » qui sont renfermés dans le Cœur de Jésus? O magni- » fique Cœur..... qui contient tous les amours, tous » les respects, toutes les louanges de tous les saints » ensemble! »

Dans ces effusions d'une piété alimentée aux sources de la plus profonde théologie, il nous est doux de retrouver les enseignements et comme l'héritage du cardinal de Bérulle qui forma le P. Charles de Condren, devenu à son tour le maître et le père spirituel de M. Olier. Nous avons eu entre les mains un recueil d'offices composés en l'honneur des Cœurs de Jésus et de Marie par un autre disciple des premiers instituteurs de l'Oratoire, le P. Edme-Bernard Bourée, dont le travail parut en 1700. (A Lyon, chez Jean Certe.)

anciens de la foi tout ce qu'une pauvre religieuse, complètement étrangère aux spéculations de la science théologique, dira quelques années après, quand elle transmettra au monde les messages de son souverain Seigneur?

C'est qu'en effet, pour répéter la parole si autorisée de Bossuet, nous avons ici « l'abrégé » de tous les mystères du christianisme », — et que tout le christianisme est dans cette parole: « Nous avons cru à l'amour de Dieu pour » nous; » — tout le christianisme, c'est-à-dire l'essence de la religion nécessairement et éternellement vraie. [1]

1. Dans le livre écrit, il y a vingt-sept ans, pour découronner à tout jamais de son auréole divine le Christ de notre Évangile, l'auteur de la *Vie de Jésus*, prophétisant en quelque sorte malgré lui, a dit ces étonnantes paroles : « Le vrai royaume de Dieu, Jésus » l'a compris, l'a voulu, l'a fondé. Il a posé la morale » éternelle, celle qui a sauvé l'humanité. Il s'est proposé » de créer un état nouveau de l'humanité. Il a conçu la » réelle cité de Dieu, l'apothéose du faible, l'amour du » peuple, le goût du pauvre, la réhabilitation de tout ce » qui est humble, vrai et naïf. Chacun de nous lui doit » ce qu'il a de meilleur. Jésus est plus que le réformateur » d'une religion vieillie; c'est le créateur de la religion » éternelle de l'humanité. » (E. Renan, *Vie de Jésus*, première édition, pages 283 et 232.)

*
* *

Comment l'amour des hommes les uns pour les autres se rattache à l'amour de Dieu pour les hommes.

Qu'on laisse un instant de côté les objections de détail, et qu'on prenne la peine d'aller au fond des choses. La religion contenue dans l'Évangile, gardée, transmise par l'Église, ne consiste-t-elle pas tout entière en ceci que Dieu, notre Créateur et notre Père, nous aime, parce qu'il est bon; que le propre de la bonté, c'est de se donner, et quand il s'agit d'une bonté infinie, de se donner infiniment? Or, Jésus-Christ est ce don de l'amour éternel qui ne cesse de se communiquer à la créature humaine, afin d'établir entre elle et Dieu la plus parfaite des sociétés. [1]

« O Père, je vous prie pour ceux que vous » m'avez donnés, afin qu'ils soient consommés » en unité avec nous! et que là où je vais (c'est-à-dire au sein de votre gloire et de votre béatitude), » ils soient avec moi! » [2]

1. Ire Epître de saint Jean I, 3.
2. Saint Jean, XVII.

Telle est, en effet, dans son admirable parallélisme, la double évolution par laquelle la religion chrétienne conduit l'homme à sa fin.

D'une part, le Verbe incarné s'est rendu participant des misères de notre nature et s'est abaissé, presque jusqu'à l'anéantissement, pour nous relever; mais si nous acceptons ce don de Dieu, nous devenons « participants de » la nature divine »[1]. Le positivisme matérialiste précipite l'humanité dans un abîme d'abjection et de douleur; la doctrine révélée, issue de l'Évangile, met à la portée des plus petits et des plus méprisables selon le monde la possibilité glorieuse de ne faire qu'un avec Dieu par la médiation de Jésus-Christ.

Ce n'est pas tout. Le christianisme ne résout pas seulement le problème des relations de l'homme avec Dieu; il détermine encore de la façon la plus satisfaisante pour l'esprit et pour le cœur les relations de l'homme avec l'homme, parce qu'il les rattache immédiatement au principe très simple et fécond de l'amour de Dieu pour nous.

« Mon précepte, disait le Sauveur à ses

1. Divinæ consortes naturæ. (II Petr. I, 4.)

» apôtres, c'est que vous vous aimiez les uns » les autres, comme je vous ai aimés. »[1]

Que l'on compare cette doctrine à tous les systèmes modernes d'égalité, de mutualité, de fraternité humanitaires et que l'on dise où se trouvent la grandeur, la dignité, la beauté, la consolation et par conséquent la vérité.

D'abord, si Dieu n'existe pas, il est impossible que les hommes soient frères, car il n'y a de frères que là où se trouve un père commun. La fraternité humaine, un des dogmes fondamentaux de la démocratie qui s'imagine l'avoir inventé, est donc incompatible avec le positivisme athée. Aussi bien, et malgré le luxe avec lequel la formule officielle de *Fraternité* s'étale sur nos murailles, la plupart du temps les livres de morale qui ont pris la place de nos catéchismes dans les écoles se servent du mot « *semblables* » pour caractériser les relations des hommes entre eux.

Cette expression est précisément celle que la logique réclame dans un système où, à la notion d'un Dieu créateur, vrai père de la famille humaine et reconnu comme tel par tous ses membres, une prétendue science

1. Hoc est præceptum meum, ut diligatis invicem, sicut dilexi vos. (Joann., xv, 12.)

substitue une loi d'évolution commune à la race humaine et à toutes les espèces animales.

L'athéisme fait donc de la fraternité un non-sens.

Afin de demeurer dans une complète exactitude, nous ajouterons que la fraternité n'est pas incompatible avec la religion purement naturelle. Celle-ci, rejette, il est vrai, la révélation et ses dogmes, mais elle fait profession de croire à un Dieu personnel et vivant, première cause créatrice de l'univers et père de tous les hommes.

Toutefois, il importe de le remarquer pour comprendre combien, même au point de vue des idées et des aspirations modernes, le christianisme l'emporte sur le déisme rationaliste, — lorsque la fraternité n'est pas vivifiée par la charité surnaturelle, elle est neutralisée et comme réduite à néant par le second dogme fondamental de la démocratie, qui est l'égalité.

En effet, si l'égalité est strictement appliquée aux relations des hommes entre eux, ou bien elle les tiendra séparés les uns des autres et fixés dans l'individualisme le plus exclusif, ou bien elle créera entre eux de perpétuels conflits. Cela est facile à comprendre. Je suis votre égal et vous êtes le mien; par conséquent aucun de nous ne doit rien à l'autre.

Sans doute, nous pourrons être amenés à échanger des services ; mais ce sera purement affaire de convenances ou d'intérêts : le devoir n'y sera pour rien. Que des égaux se disputent seulement à qui saluera l'autre le premier : — le conflit n'aura pas d'issue, chacun pouvant se dire : De quel droit céderais-je ? ne suis-je pas son égal ? Cet antagonisme irréductible entre des droits strictement égaux demeurera toujours le point faible de l'économie sociale qui n'a pas d'autre base que la religion naturelle. On ne voit même pas comment, sur un tel fondement, il est possible d'édifier la simple philanthropie. En tout cas, entre une organisation des relations humaines n'ayant pas d'autres liens que l'égalité et la fraternité et l'état social dont la charité surnaturelle des chrétiens est le principe, il y a une distance incommensurable.

N'oublions pas un instant, N. T. C. F., que nous méditons ces grandes vérités en présence du Cœur qui a tant aimé les hommes ; de ce Cœur que notre Bienheureuse vit un jour tout environné de flammes. De là en effet, de ce foyer ardent de l'amour de Dieu pour les hommes, symbolisé d'une manière admirable par le cœur du Verbe incarné, vont jaillir des flots d'éblouissante et chaude lumière sur le problème qui trouble à fond aujourd'hui les nations les plus civilisées et qui les troublera tant qu'elles se refuseront à faire de l'Évangile la règle absolue de la vie individuelle et le code de la vie sociale. Voici, en effet, par quels liens le christianisme rattache à l'amour de Dieu les relations des hommes entre eux, tempère l'égalité par la fraternité et les transfigure toutes les deux dans la charité.

Le point de départ, c'est que Dieu nous a aimés le premier de l'amour le plus gratuit — puisque nous n'avions rien fait pour le mériter; — le plus généreux, puisque le suprême témoignage de cet amour a été le don de Jésus-Christ dans l'Incarnation et son immolation par le sacrifice de la croix; — le plus libéral, puisque Dieu fait bénéficier l'humanité elle-même de la reconnaissance dont elle lui est redevable pour tous ces inestimables bienfaits.

« Mon précepte, dit le Sauveur dans le discours de la Cène, c'est que vous vous aimiez » les uns les autres *comme* je vous ai aimés[1] ». On peut traduire cette divine parole par le raisonnement suivant : Les abaissements

1. S. Jean, xv, 12.

auxquels je me suis réduit en me faisant homme comme vous ; les souffrances et la mort que j'ai endurées pour vous racheter, vous ont constitués mes débiteurs. Comment serez-vous jamais capables de vous acquitter de votre dette ? Je vais vous l'indiquer. Je transfère à l'humanité elle-même une partie de vos obligations envers moi. Quand vous aurez aimé Dieu par-dessus toute chose, vous n'aurez accompli que la moitié de votre devoir. Il restera que vous aimiez votre prochain comme je vous ai aimés.

Nous sommes donc tous, les uns à l'égard des autres, des créanciers et des débiteurs. Il ne s'agit plus de dire : je suis l'égal de mon semblable, et par conséquent je ne lui dois rien, — ce qui est souverainement logique dans la théorie de l'égalité rationnelle. Voici comment il faut raisonner : Je dois tout à Jésus-Christ, qui « m'a aimé et s'est livré pour moi »[1]; mais qui a reporté sur mes frères la moitié de la dette dont je lui suis redevable; et ainsi, ce que je ferai pour eux par charité, c'est à lui-même que je l'aurai fait.

Dans l'être le plus pauvre, le plus misérable, le plus déshérité, chez lequel, même avec

1. Gal. II, 20.

les raisonnements de la philosophie, j'aurais eu bien de la peine à trouver un égal, la foi, qui est la racine de la charité, me montre un supérieur envers lequel j'ai des obligations, — non pas à cause des droits inhérents à sa condition d'homme, — car, à ce titre, je le vaux et il n'est pas plus que moi — mais parce que, en vertu de la substitution sublime opérée par Jésus-Christ, chacun de mes frères est porteur des droits du divin Rédempteur. C'est donc à Lui que je paie ma dette quand, pour l'amour de Lui, je les sers et je me dévoue pour eux. « En vérité, ce que vous avez fait » au plus petit d'entre mes frères, c'est à » moi-même que vous l'avez fait. »[1]

Proclamons-le hautement. Quand le christianisme tout entier se résumerait à cette seule idée, à cette seule et sublime conception d'avoir greffé l'amour des hommes pour les hommes sur la reconnaissance qu'ils doivent à Dieu, nous devrions tous tomber à genoux, admirer et remercier, puisque de cette idée véritablement divine découlent logiquement en faveur de chacun de nous des droits certains et imprescriptibles, non seulement à l'assistance et à la compassion,

1. S. Matth. xxv. 40.

mais à l'estime, au respect et à l'amour. Oui vraiment, voilà l'éternelle religion du genre humain.

En effet, remarquons-le : ce charitable Sauveur ne nous a pas seulement dit : Vous vous secourrez dans vos besoins ; vous vous donnerez du pain, des vêtements et tout ce que pourront réclamer vos nécessités physiques ou morales ; — il a dit : « *Vous vous aimerez* » et il ajoute : « COMME *je vous ai aimés moi-même.* » C'est-à-dire que vous ne pourrez jamais aller trop loin dans les manifestations de votre amour pour vos frères. — Après avoir donné ce que vous avez, vous ferez comme saint Paul, vous vous donnerez vous-mêmes[1] ; vous ne direz jamais : c'est assez ; vous ne mesurerez pas votre dévouement ; car mon Cœur s'est livré tout entier et se livre encore chaque jour pour vous dans le sacrifice et dans la communion eucharistiques. Vous le prendrez pour modèle et pour régulateur de vos relations avec votre prochain. Vous dépenserez sans compter à son service votre temps, votre argent, votre santé.

Vous, jeune fille réservée aux brillantes perspectives du monde, vous vous enfermerez

1. II Cor. XII, 15.

dans les hôpitaux sous la cornette blanche des sœurs de Saint-Vincent-de-Paul; vous deviendrez l'humble servante des vieillards et de leurs rebutantes infirmités avec les Petites Sœurs des Pauvres. Vous, jeune homme, plein de vie et de santé, vous accepterez, comme le P. Damien d'héroïque mémoire, de devenir lépreux avec les lépreux, afin de ne pas les abandonner dans leur détresse et de payer à chacun d'eux la dette que vous avez contractée envers Celui qui a été crucifié pour vous; et quand votre chair tombera en lambeaux dans une hideuse pourriture, votre âme tressaillira de joie, parce que vous aurez montré au monde comment les chrétiens s'aiment entre eux.

Ce transfert aux hommes nos frères des obligations de reconnaissance qui nous lient à Dieu à cause de ses multiples et incessants bienfaits est une conception d'une telle grandeur, qu'on peut hardiment la donner comme une preuve décisive de la divinité du christianisme. Aucune religion dans le monde n'a eu de l'homme cette estime et ce souci. Aucune n'a rendu à ce point l'Être éternel et infiniment parfait solidaire des misères et des souffrances du plus humble et du plus petit d'entre nous. Les inventeurs de religions ont pu avoir du génie : aucun d'eux n'a eu cette intuition profonde qui pénètre si avant dans l'intelligence de la nature de Dieu et de son incompréhensible bonté : aucun d'eux n'a eu la pensée de faire de l'amour du prochain un devoir aussi obligatoire et aussi sacré pour la conscience que l'amour de Dieu.

C'est ce que Bossuet a indiqué d'une manière admirable dans le même panégyrique de saint Jean auquel nous avons emprunté d'étonnantes paroles sur ce Cœur de Jésus, où se trouve « l'abrégé du christianisme ».

« Le cœur de Jésus, dit-il à la fin de son » discours, embrasse tous les fidèles. C'est là » où nous sommes tous réunis pour être » consommés dans l'unité. *Ut sint consummati in unum*. C'est ce cœur qui parlait, » lorsqu'il disait : Mon Père, je veux que là » où je suis, mes disciples y soient aussi avec » moi. *Volo ut ubi sum ego, et illi sint mecum*.

» Il ne distrait personne ; il appelle tous ses » enfants, et nous devons nous aimer « dans » les entrailles de Jésus-Christ ». *In visceribus Jesu Christi.*[1]

» Aimons-nous dans le cœur de Jésus..... » car, lorsque je répands mon cœur (dans mes

1. Phil. I, 8.

» frères), je le répands en Dieu qui est charité. »

Que tels soient, N. T. C. F., les fruits de notre pèlerinage à notre béni sanctuaire de Paray-le-Monial. Là, comme dans une seconde Cène, préludant à la passion plus douloureuse que devaient lui infliger par leur révolte contre la foi ces deux siècles de l'ère moderne dont nous sommes les fils, Notre-Seigneur Jésus-Christ a répandu de nouveau sur le monde les trésors de son inépuisable charité et montré aux hommes son divin Cœur, afin de les attirer à Lui et de les contraindre à s'aimer entre eux pour l'amour de Lui.

« En sa divine présence, laissons, comme » dit saint Jean, la persuasion gagner nos » cœurs. » *In conspectu ejus suadebimus corda nostra.* [1]

La persuasion, c'est cette action intérieure du Saint-Esprit, annoncée et promise par le Sauveur à ses apôtres. Elle ajoute à la foi je ne sais quelle force intime dont tout notre être se trouve pénétré. Quel bonheur et quelle grâce de sentir au-dedans de soi-même cette persuasion bienheureuse qui centuple l'énergie des convictions et les rend invincibles aux

1. Ire Epître de saint Jean, apôtre, III, 19.

tentations du doute et aux chocs douloureux des épreuves de la vie.

Dans une page admirable de sa liturgie, l'Église nous montre dans le Cœur de Jésus « le sanctuaire de l'amour divin, de la plénitude duquel nous sommes tous rendus participants. Là encore, ajoute-t-elle, est la » source de vie toujours jaillissante d'où » découlent perpétuellement toutes les grâces » et toutes les vertus. Enfin, c'est l'asile sacré » de la charité où se trouvent préparés le » repos pour les justes, le refuge pour les » pécheurs, la consolation pour les affligés, » la force pour les infirmes! »[1]

Cœur sacré de Jésus, mon Sauveur, je vous vois, puisque vous avez daigné vous révéler; et je vous vois tel que vous vous êtes montré à votre fidèle disciple et servante, percé d'une profonde blessure, environné d'une couronne d'épines et surmonté de ces flammes qui me disent quel amour vous avez eu pour moi, quel prix il vous a coûté, et combien vous

1. Hoc est divini amoris sacrarium, de cujus plenitudine omnes accipiunt : hic fons vitæ indeficiens, unde virtutum omnium charismata perpetuo derivantur. Hoc sacrum caritatis adytum, in quo paratur justis requies, peccatoribus perfugium, solamen mœstis et robur languentibus. (Præf. propria festi SS. Cordis D. N. J. C.)

voudriez allumer en mon propre cœur la charité du vôtre, afin que, de proche en proche, ce feu s'étendît jusqu'aux confins de la terre, portant partout avec lui l'amour des hommes pour Dieu et l'amour des hommes entre eux pour l'amour de Dieu !

*
* *

Dispositions dans lesquelles nous devrons célébrer le Jubilé de 1890.

Le Jubilé du second centenaire accordé par le Vicaire de Jésus-Christ au territoire de Paray-le-Monial va ouvrir de nouvelles sources de grâces qui jailliront de ce lieu sacré pour se répandre sur un grand nombre d'âmes. Elles ne sauraient mieux s'y disposer qu'en s'appropriant les recommandations suivantes adressées par Notre-Seigneur lui-même à la Bienheureuse, aux approches du Jubilé qui fut célébré dans notre diocèse du 10 au 24 mai 1682, sous le pontificat du pape Innocent XI.

« Notre-Seigneur, dit-elle, me fit connaître

» que la plus agréable prière que je pouvais » faire dans ce saint temps de jubilé, c'était » de demander trois choses en son nom :

» La première d'offrir au Père éternel les » amples satisfactions qu'il a faites à sa jus- » tice pour les pécheurs sur l'arbre de la » croix, en le priant de rendre efficace le » mérite de son sang précieux à toutes les » âmes criminelles à qui le péché a donné la » mort, et que, les ressuscitant à la grâce, » elles le glorifient éternellement ;

» La seconde, de lui offrir les ardeurs de » son divin Cœur pour satisfaire à la tiédeur » et lâcheté de son peuple choisi, en lui de- » mandant que, par l'ardent amour qui lui a fait » souffrir la mort, il lui plaise réchauffer leurs » cœurs tièdes à son service et les embraser » de son amour, afin qu'il en soit aimé éter- » nellement ;

» La troisième, d'offrir la soumission de sa » volonté à son Père éternel, lui demandant » par ses mérites la consommation de toutes » ses grâces et l'accomplissement de toutes » ses volontés. »[1]

A ces trois demandes dictées par le Sauveur et qui nous indiquent de la façon la plus pré-

1. *Sa vie par elle-même*, I, 188.

cise la meilleure manière de mettre à profit la grâce précieuse du Jubilé de 1890, nous en joindrons une quatrième.

Il faut que les fêtes du Centenaire et les exercices du Jubilé provoquent dans le monde une croisade de supplications pour obtenir de la bonté de Dieu la canonisation prochaine de notre chère Bienheureuse.

Nous invitons à y prendre part sa famille religieuse de la Visitation, nos bien-aimés diocésains, les fidèles de l'Église catholique, et dans l'assurance où nous sommes d'être l'interprète de tant de pieux désirs, nous conclurons cette Instruction pastorale en adressant à Notre-Seigneur la prière suivante :

PRIÈRE

POUR DEMANDER LA PROCHAINE CANONISATION DE LA BIENHEUREUSE.

O Jésus, notre Rédempteur, vous qui, par une mystérieuse prédestination avez confié à Marguerite-Marie la mission de divulguer au monde les ineffables trésors de charité renfermés dans votre Cœur, vivant foyer et symbole très expressif de votre charité pour les hommes;

Vous qui, par votre grâce, l'avez élevée à des vertus non moins extraordinaires que les révélations dont elles devaient attester la réalité et mettre en pleine lumière la divine origine;

Vous, enfin, qui avez inspiré à l'Église d'accomplir les prophéties faites en votre nom par votre fidèle disciple et de décerner à votre Cœur un culte public, assimilé désormais aux plus grandes solennités de l'année chrétienne:

Daignez, Seigneur, achever et couronner l'œuvre que vous avez commencée en votre servante!

S'il le faut, faites violence au désir sublime qu'avait exprimé cette parfaite imitatrice de vos humiliations d'être à jamais ensevelie dans l'oubli; et, suivant votre promesse [1], exaltez davantage encore celle qui a tant aimé l'abjection.

La gloire de votre divin Cœur y est intéressée.

Proclamée sainte, MARGUERITE-MARIE aura plus de puissance et de crédit pour attirer à vous tant d'âmes qui vous ignorent ou ne vous connaissent pas assez. Élevée aux honneurs de la canonisation, elle fera plus de conquêtes pour vous et étendra davantage le règne de votre vérité et de votre charité !

O Jésus, accomplissez à cet égard les désirs formés par la tendre piété de votre Vicaire, S. S. le Pape Léon XIII.

Écoutez les vœux de tous les catholiques et recevez avec une particulière bienveillance ceux de l'Évêque, des Prêtres et des Fidèles du diocèse d'Autun.

Exaucez les prières que vous adressent continuellement, par l'intercession de la très sainte vierge Marie, patronne de leur Insti-

1. S. Luc. XIV, 11.

tut; de saint François de Sales, leur fondateur; et de leur mère sainte Jeanne de Chantal, les religieuses de la Visitation, sœurs de notre Bienheureuse.

Déployez votre puissance, Seigneur, et par de nouveaux et décisifs miracles, glorifiez celle que, suivant un oracle du Saint-Esprit, nous pouvons appeler « votre bras droit[1] » pour le renouvellement de la foi et le progrès de la charité dans le monde !

Ainsi soit-il !

1. Innova signa et immuta mirabilia; glorifica manum et brachium dextrum. (Eccli. xxxvi, 6.)

DISPOSITIF SPÉCIAL

RELATIF AU JUBILÉ DU SECOND CENTENAIRE DE LA BIENHEUREUSE MARGUERITE-MARIE

(Bref du 11 mars 1890. — Rescrit apostolique du 10 juillet 1890. — Lettres apostoliques Pontifices maximi *du 15 février 1879.)*

ARTICLE 1er.

Les prêtres qui sont ou seront approuvés pour exercer le ministère de la confession à Paray, pendant tout le temps du Jubilé, jouiront des pouvoirs accordés par S. S. le Pape Léon XIII dans ses Lettres apostoliques *Pontifices maximi* publiées à l'occasion du Jubilé universel de 1879.

Ils se conformeront exactement aux clauses et exceptions qui sont spécifiées dans ces Lettres, et qui sont reproduites à la fin du présent Dispositif.

ART. 2.

Nous déclarons par les présentes autoriser pour l'exercice de ces pouvoirs : 1° tous les prêtres de notre diocèse déjà approuvés par nous ; 2° les prêtres des autres diocèses et les religieux munis de l'approbation de leurs Ordinaires et supérieurs respectifs.

ART. 3.

Les conditions imposées pour gagner l'Indulgence jubilaire, applicable par mode de suffrage aux âmes du Purgatoire, sont :

Un jour de jeûne et d'abstinence [1], la confession et la communion, une visite à la chapelle de la Visitation pour y prier à toutes les intentions du Saint-Père ; une aumône *proportionnée aux ressources de chacun* en faveur des écoles libres et catholiques de notre diocèse.

ART. 4.

Des troncs portant l'inscription : *Aumône du Jubilé de* 1890, seront placés à la Basilique de Paray et à la chapelle de la Visitation pour recevoir les aumônes affectées par le Saint-Père à l'œuvre de nos écoles libres.

Ces aumônes pourront encore être remises, soit directement, soit par l'intermédiaire des

1. Le jeûne est exigé de tous, même des enfants et des vieillards. Mais il pourra être commué en une autre bonne œuvre pour ceux qui ne seraient pas en état de le supporter. (Voir les articles 7 et 8.)

Directeurs du Pèlerinage, à M. le Curé de Paray ou à MM. les Chapelains de la Basilique; ou encore, à la convenance des pèlerins étrangers. envoyées à M. le Chancelier de l'Évêché, à Autun.

L'aumône jubilaire, sauf dispense, est exigée de tous, même des pauvres, des enfants, des religieux et des religieuses. Ces personnes néanmoins peuvent satisfaire à l'obligation prescrite par l'aumône que feront, en leur nom et avec leur consentement, les parents, supérieurs ou bienfaiteurs respectifs.

Art. 5.

Les religieuses cloîtrées habitant la paroisse de Paray-le-Monial et les autres personnes ecclésiastiques ou laïques habitant cette même paroisse ou y venant en pèlerinage qui se trouveraient empêchées, soit par la règle de leur institut, soit par des infirmités ou par toute autre cause légitime, de remplir les conditions ci-dessus indiquées ou quelques-unes d'entre elles, s'adresseront à un des confesseurs munis des pouvoirs jubilaires pour obtenir la commutation, en quelque autre œuvre pie, des prescriptions qu'elles ne pourraient pas accomplir.

C'est également aux confesseurs munis des pouvoirs spéciaux du jubilé qu'il appartiendra de dispenser de la communion les jeunes enfants non encore admis à la première communion et estimés par eux capables de pouvoir gagner l'indulgence jubilaire.

Art. 6.

Le Souverain Pontife accorde également à tous les fidèles, tant laïques qu'ecclésiastiques, aux séculiers et aux réguliers de tout ordre, la faculté de se choisir quelque confesseur que ce soit, à l'effet d'avoir part aux grâces jubilaires. Les religieuses, novices et autres personnes vivant en communauté pourront user de la même faculté, pourvu qu'elles s'adressent à des confesseurs spécialement approuvés pour la confession des religieuses.

Art. 7.

En vertu d'un Rescrit apostolique du 10 juillet 1890, et conformément aux concessions accordées par la Sacrée Pénitencerie pour le Jubilé de 1886, l'usage au principal repas des œufs et du laitage, y compris le beurre et le fromage (*lacticinia*), est autorisé pour le jeûne jubilaire.

Art. 8.

Par le même Rescrit, les personnes qui croiraient avoir des motifs sérieux d'obtenir la dispense ou commutation d'une ou de plusieurs des conditions requises, pourront s'adresser à leurs confesseurs ordinaires et ne seront pas obligées de recourir au ministère des confesseurs de la paroisse de Paray. Cela toutefois ne peut s'entendre de l'absolution, *in foro conscientiæ*, des cas pour lesquels sont communiqués aux confesseurs de Paray les pouvoirs extraordinaires énoncés dans les Lettres apostoliques *Pontifices maximi*. A cet égard, les confesseurs de Paray se conformeront aux prescriptions qui suivent, extraites des Lettres apostoliques publiées pour le Jubilé de 1879.

Évêché d'Autun, le 15 juillet 1890.

† ADOLPHE-LOUIS,
ÉVÊQUE D'AUTUN, CHALON ET MACON.

Par mandement de Monseigneur :

F. LORTON,
Chanoine honoraire, chancelier de l'Évêché.

EXCERPTA E LITTERIS APOSTOLICIS

Pontifices maximi (15 febr. 1879).

1° Quoad facultates a Summo Pontifice Confessariis concessas.

2° Quoad eas quæ reservatæ et exceptæ manent.

Insuper omnibus et singulis Christifidelibus tam laicis quam ecclesiasticis, sæcularibus et regularibus, cujusvis Ordinis et Instituti etiam specialiter nominandi, licentiam concedimus et facultatem, ut sibi ad hunc effectum eligere possint quemcumque presbyterum Confessarium, tam sæcularem quam regularem, ex actu approbatis (qua facultate uti possint etiam Moniales, Novitiæ, aliæque mulieres intra claustra degentes, dummodo Confessarius approbatus sit pro Monialibus), qui eosdem vel easdem intra dictum temporis spatium, ad confessionem apud ipsum peragendam accedentes animo præsens Jubilæum consequendi, et reliqua opera ad illud lucrandum necessaria adimplendi, hac vice et in foro conscientiæ dumtaxat, ab excommunicationis, suspensionis, et aliis Ecclesiasticis sententiis et censuris, a jure vel ab homine quavis de causa latis seu inflictis, etiam Ordinariis locorum et Nobis seu Sedi Apostolicæ, etiam in casibus cuicumque ac Summo Pontifici et Sedi Apostolicæ *speciali licet modo* reservatis, et cui alias in concessione quantumvis ampla non intelligerentur concessi, nec non ab omnibus peccatis et excessibus quantumcumque gravibus et enormibus, etiam iisdem Ordinariis ac Nobis et Sedi Apostolicæ, ut præfertur, reservatis, injuncta ipsis pœnitentia salutari aliisque de jure injungendis, et si de hæresi agatur, abjuratis prius et retractatis erroribus, prout de jure, absolvere; nec non vota quæcumque etiam jurata ac Sedi Apostolicæ reservata (castitatis, religionis et obligationis, quæ a tertio acceptata fuerint, seu in quibus agatur de præjudicio tertii semper exceptis, nec non pœnalibus, quæ preservativa a peccato nuncupantur, nisi commutatio futura indicetur ejusmodi, ut non minus a peccato committendo refrenet, quam prior voti materia) in alia pia et salutaria opera commutare, et cum pœnitentibus hujusmodi in sacris ordinibus constitutis, etiam regularibus, super occulta irregularitate ad exercitium eorumdem ordinum, et ad superiorum assecutionem, ob censurarum violationem dumtaxat contracta, dispensare possit et valeat.

Non intendimus autem per præsentes super alia quavis irregularitate sive ex delicto sive ex defectu, vel publica vel occulta aut nota, aliave incapacitate aut inhabilitate quoquomodo contracta dispensare, vel aliquam facultatem tribuere super præmissis dispensandi seu habilitandi, et in pristinum statum restituendi etiam in foro conscientiæ; neque etiam derogare Constitutioni cum appositis declarationibus editæ a fel. rec. Benedicto XIV Prædecessore Nostro, quæ incipit *Sacramentum Pœnitentiæ;* neque demum easdem præsentes iis qui a Nobis et Apostolica Sede, vel ab aliquo Prælato, seu Judice ecclesiastico nominatim excommunicati, suspensi, interdicti, seu alias in sententias et censuras incidisse declarati vel publice denunciati fuerint, nisi intra prædictum tempus satisfecerint, et cum partibus ubi opus fuerit, concordaverint, ullo modo suffragari posse aut debere. Quod si intra præfinitum terminum, judicio Confessarii, satisfacere non potuerint, absolvi posse concedimus in foro conscientiæ ad effectum dumtaxat assequendi indulgentias Jubilæi, injuncta obligatione satisfaciendi statim ac poterunt.

TABLE DES MATIÈRES

Deuxième Partie.

Troisième Partie.

Autun. — Dejussieu, imp. de l'Évêché.

www.ingramcontent.com/pod-product-compliance
Ingram Content Group UK Ltd.
Pitfield, Milton Keynes, MK11 3LW, UK
UKHW021137260726
13994UKWH00001B/176

9 782329 331799